다 시 수 직 적 교 회 로

TOWARD THE VERTICAL CHURCH AGAIN

다시 수직적 교회로

지은이 | 송재식
펴낸이 | 원성삼
표지디자인 | 한영애
표지·본문 일러스트 | 민경숙
펴낸곳 | 예영커뮤니케이션
초판 1쇄 발행 | 2023년 5월 12일
등록일 | 1992년 3월 1일 제 2-1349호
주소 | 03128 서울시 종로구 대학로3길 29, 313호(연지동, 한국교회100주년기념관)
전화 | (02) 766-8931
팩스 | (02) 766-8934
이메일 | jeyoung@chol.com
ISBN 979-11-89887-65-0 (03230)

값 10,000원

 모든 인간은 하나님의 형상을 닮은 존귀한 존재입니다. 사람은 인종, 민족, 피부색, 문화, 언어에 관계없이 모두 다 존귀합니다. 예영커뮤니케이션은 이러한 정신에 근거해 모든 인간이 존귀한 삶을 사는 데 필요한 지식과 문화를 예수 그리스도의 사랑으로 보급함으로써 우리가 속한 사회에 기여하고자 합니다.

다시 수직적 교회로

TOWARD THE VERTICAL CHURCH AGAIN

송재식 지음

우리는 이 땅에 살면서
하늘의 소리를 들을 수 있습니다.

오직 예수를 선포하고 오직 예수 보혈의 능력을 증거하며
오직 십자가를 노래하는 찬양과 말씀이
수직적 교회의 강단에 울려 퍼지기를 소원합니다.

예영

당신 한 사람 여기 있어

- 『다시 수직적 교회로』 출간에 붙여 -

고 훈
시인, 안산제일교회 원로목사

당신 한 사람 여기 있어

서림강단에 말씀이 있습니다

당신 한 사람 여기 있어

서림목장에 목자가 있습니다

당신 한 사람 여기 있어

서림교회에 기쁨과 눈물이 있습니다

당신 한 사람 여기 있어

서림제단에 주님이 계십니다

당신 한 사람 여기 있어

서림지성소 위에 영광의 영성이 떠나지 않습니다

당신 한 사람 여기 있어

서림성전에 예배가 있습니다

당신 한 사람 여기 있어

서림성소에 새벽이슬 같은 청년들이 몰려옵니다

실로 당신은

하나님이 이 시대에

보낸 귀한 선지자입니다

인간 중심 신학에서
하나님 중심 신학으로

맹용길
전 장로회신학대학교 총장

이제 28년여의 목회 사역을 마무리해가고 있는 송 목사님의 글을 접하면서 나는 목회의 본질을 다시 생각해 보았습니다. 이 책을 읽으면서 내 머리에 즉시 떠오른 생각은 마치 19세기 독일 자유주의 신학 환경에서 공부했음에도 불구하고 "이것은 아니라"고 느끼며 새로운 길을 찾아 나선 신학도들의 모습입니다. 그 소수의 학생이 당시의 거센 자유주의 신학의 물결에 저항하며 새로운 길을 찾은 것입니다.

그들은 성경 말씀을 중요성과 가치를 새롭게 인식하면서 시작된 이 움직임은 처음에는 작은 소리에 불과했지만, 마침내 20세기 새로운 신학의 방향을 제시하였습니다. 그 길은 전혀 새로운 길이었습니다. 즉 19세기의 인간 중심 신학에서 20세기의 하나님 중심 신학을 태동시켰습니다.

그러나 이런 취지와 달리 다시 인간을 찾아 헤매는 신학자들도 많이 일어났습니다. 그들은 다시 '인간학적 신학'을 외쳤습니다. 무신론적 신학으로 방향을 잡은 이들, 세속화 신학으로 나아간 이들도 있었습니다. 심지어 세속주의 신학으로까지 이어지기도 했습니다.

그러나 그 가운데 칼 바르트 같은 신학자는 끝까지 하나님 중심의 신학을 외쳤습니다. 즉 하나님의 말씀이 지닌 참 진리와 예수 그리스도로 말미암은 구원을 확신하고, 삼위일체 하나님이 이끄시는 교회와 복음의 능력을 강조하면서 거센 인간 중심 신학에 도전, 하나님 중심의 신학을 추구하였습니다.

송재식 목사님은 이 책에서 이 시대를 분명히 읽고 경험한 내용을 통해 바르트처럼 인간학적 신학을 거부하고 하나님 중심의 신학을 외치고 있습니다. 나 자신 역시 성경을 좀 더 깊게 읽으면서, 특히 신약을 히브리어로 읽으면서 예수님의 말씀에 좀 더 깊이 접근하여 '하나님의 사랑(아하브)의 명령'을 발견했습니다. 하나님의 피조물로서 그 사랑의 명령을 듣고 순종해야 하는 새로운 피조물인 인간을 발견했습니다.

지금 우리는 진리와 생명의 말씀 안에서 하나님의 길을 발견하고, 순종을 결단해야 할 믿음의 때에 살고 있습니다. 이 책을 통해 송 목사님이 목회 여정을 통해 확신한 말씀을 새롭게 접하게 되었습니다. 송 목사님의 간결하고도 분명한 글은 신앙인이 건강한 믿음의 토대 위에서 세상과 이웃을 어떻게 바라보고 대해야 하는지를 보여줍니다.

복음의 능력과 하나님의 나라를 향한 확실한 지향점을 보여주신 송 목사님께 감사합니다. 모든 이들이 보물섬과도 같은 이 책을 읽고 바른길을 걸을 수 있기를 바라면서 이 책을 강력히 추천합니다.

다시 수직적 교회로

하늘에서
비가 와야지요!

정삼수
상당교회 원로목사

저자인 송재식 목사님은 우리가 처한 영적 현실을 가뭄과 기근의 시대로 헤아려 보고 있습니다. 인간의 지혜나 노력으로 영적 기갈을 해결해 보려는 어리석은 시도를 멈추고, 이제 근원의 자리로 돌아가서 위를 쳐다보자는 것입니다.

오랜 가뭄으로 심은 곡식이 시들어 갈 때 농부는 땅을 파고 물길을 찾으려고 온갖 수고를 다합니다. 때로는 내 논에 먼저 물을 끌어들이려고 물싸움도 벌입니다. 그래서 이때는 가까웠던 이웃끼리도 원수처럼 무섭게 변합니다.

이때 하늘이 열리고 장맛비가 쏟아지면 지금까지 해왔던 모든 일이 얼마나 부질없는 짓이었는지를 모두 알게 되지요. 그래서 영성 신학자요 목회자인 저자는 외칩니다.

"모든 문제의 해결은 하늘에서 비가 내려야 합니다!!!"

참으로 고마운 이 시대 선지자의 음성입니다.

설명이 아니라
선포이다

최이우
종교교회 원로목사

20세기의 위대한 신학자 칼 바르트는 설교를 '선포되는 하나님의 말씀'이라고 했다. 사람을 설득하기 위하여 그럴듯하고 장황하게 설명하려는 노력들은 언제나 많이 있어 왔다.

그러나 시대와 상황을 뛰어넘어 '미움받을 각오'로 오직 예수, 오직 십자가, 오직 보혈, 오직 은혜의 복음을 선포하는 일만이 죄로 죽은 사람을 살려내고 사탄의 종을 예수의 사람으로 변화시키는 능력이다. 홍수로 온 세상이 흙탕물로 뒤덮일 때 정작 사람이 마실 물을 찾기 어려운데, 설교홍수의 시대에 저자의 설교는 생명수이다.

2014년에 출판된 『근원으로 돌아가라』를 읽으며 많은 은혜를 받고 가뭄에 비를 기다리듯 목사님의 설교집을 기다렸는데 마침내 『다시 수직적 교회로』가 나와서 무척 반갑다. 절제된 언어와 문장의 열두 편 설교는 기록된 하나님 말씀인 성경처럼 소중하다.

수직교회를 신본주의라고 하는 목사님은 갈라디아교회를 향해 복음을 선포하는 사도 바울과 같다. "이제 내가 사람들을 좋게 하랴? 하나님께 좋게 하랴? 사람들에게 기쁨을 구하랴? 내가 지금까지 사람들의 기쁨을 구하였다면 그리스도의 종이 아니니라. 이는 내가 사람에게서 받은 것도 아니요. 배운 것도 아니요. 오직 예수 그리스도의 계시로 말미암은 것이라."(갈라디아서 1:10, 12)

하나님은 천지창조의 마지막 날 하나님의 형상으로 사람을 빚어 하나님의 영을 불어넣어 하나님과 교제할 수 있는 살아 있는 존재로 만드셨다. 하나님은 하루 일과가 끝나는 조용한 저녁 시간이면 사람과 동행하며 다정한 사랑으로 교제하기를 원하셨다. "저녁 산들바람 속에 하나님께서 동산을 거니시는 소리가 들리자, 남자와 그의 아내는 하나님을 피해 동산 나무 사이에 숨었다"(유진 피터슨『메시지 성경』창세기 3:8)

하나님을 거역하고 하나님 없이 하나님처럼 살려고 했던 사람은 하나님을 피하여 숨었다. 그러나 사람을 극진히 사랑하시는 하나님은 아기 예수로 세상에 찾아오셨고 죄로 인하여 스스로 나서지 못하는 사람을 대신하여 십자가에 달림으로 모든 죗값을 지불하시고 다시 자녀로 맞아주셨다. 그리고 다른 보혜사 성령으로 오셔서 날마다 일마다 때마다 하나님과 함께 살게 하셨다. "예수는 우리의 화평이시다"(에베소서 2:14). 사람이 하나님께로 나아가는 유일한 길이 되셨다.

세상의 복잡한 일들에 눌려 수직관계를 잃어버린 채 뒤죽박죽된 삶을 살아가는 사람들이 『다시 수직적 교회로』를 읽음으로 하나님과 복된 관계가 회복되기를 기도한다. 죄인은 의인으로, 사탄의 종이 하나님의 자녀로, 병든 사람은 건강함으로, 가난한 사람은 부요함으로 힘있게 일어서서 세상을 하나님 나라로 변화시키는 은혜로 나아가게 되기를 기도한다.

위그노의
경건과 영성으로

최윤배
전 장로회신학대학교 교수(조직신학), 현 객원교수

주어진 삶의 여정을 다 마치고 장차 재림하실 주님 앞에 갈 때, 각 그리스도인은 자신의 '믿음의 일기장'을, 목회자는 자신의 '믿음의 일기장'과 '설교집'을, 신학자는 자신의 '믿음의 일기장'과 '설교집'과 '저서와 논문집'을 가지고 갈 것이라고 추천자는 늘 생각해왔습니다. 왜냐하면 글 속에는 메신저가 어떤 사람이며, 그 메시지의 내용이 무엇인지가 정직하게 고스란히 잘 담겨 있기 때문입니다.

송재식 박사님의 옥저 『다시 수직적 교회로』에 대한 추천사를 쓰면서 크게 세 가지 이유로 진심으로 그리고 강력하게 일독을 권하며 추천합니다. 첫째는 '메신저'(messenger)인 저자가 송재식 박사님이라는 이유 때문이고, 둘째는 이 책의 내용, 즉 '메시지'(message) 때문이고, 셋째는 저자와 추천자의 특별한 인격적 관계 때문입니다.

첫째로, 메신저인 송재식 박사님은 인격과 성품이 고상하고, 신앙이 투철한 분입니다. 본 추천자는 저자를 1984년, 신학대학원에서 처음 만났습니다. 그때부터 지금까지 단 한 번도 친구들에게나 추천자에게 화를 낸 적이 없을 만큼 저자의 인격과 성품은 특출합니다. 저자에게는 아마도 '하나님 앞에 서 있는'(coram Deo) 인간에 대한 깊은 성찰과 실존적인 경험이 있었을 것입니다.

저자는 자신을 가리켜 '걸어 다니는 진흙 덩어리'라고 고백하며 간증합니다. 성경에는 하나님과 인간의 관계를 나타내는 대표적인 표현 두 가지가 있습니다. 바로 '하나님의 형상으로서의 인간'과 토기장(土器匠)이신 하나님에 의해서 빚어진 '토기(土器)로서의 인간'입니다. 하나님의 형상으로서의 인간 이해는 우리에게 직접 잘 와닿지 않을 수 있지만, '토기로서의 인간'은 우리에게 실존적으로 '확' 와닿습니다.

프랑스 남부 도시 엑상프로방스(Aix-en-Province)에서의 유학 시절, 마피아의 총탄에 쓰러진 저자는 "튀어나온 창자의 체온을 손으로 느끼며 '내가 이렇게 죽는구나!' 생각했다"고 합니다. 이 사건 이후 그는 자신을 "걸어 다니는 진흙 덩어리"로 고백했습니다. 프랑스 위그노 경건주의의 대가(大家)들을 연구하여 신학박사 학위(Docteur théol.)를 취득한 송재식 박사는 개혁교회의 위그노(Huguenot) 신학과 위그노 경건주의의 영성이 온몸에 배어 있습니다. 저자의 신학과 신앙은 그의 저서 『근원으로 돌아가라』(2014, KIATS)에서 소리높여 부르짖었듯이, 하나님의 말씀의 근원과 샘으로 돌아가는 것(ad fontes)입니다.

둘째로, 본서의 내용 때문에 본서를 추천하지 않을 수 없습니다. 본서의 메시지는 "다시 수직적 교회로 돌아가라!"(1부), "다시 수직적 교회를 회복하라!"(2부), "다시 수직적 교회로부터 출발하라!"(3부)입니다. 아무리 '하나님의 말씀'을 외치고, 종교개혁의 5대 정신, 즉 '오직 믿음, 오직 성경, 오직 은혜, 오직 그리스도, 오직 하나님께 영광'을 외칠지라도, 그것이 지상의 보이는 교회와 연결되지 않을 때는 허공으로 향하는 헛된 메아리에 불과합니다.

종교개혁자들과 프랑스 위그노 개혁교회가 그랬듯이, 저자는 신앙과 삶의 출처와 근거를 허공이 아닌 하늘에 두면서도, 땅에 뿌리를 두고 있는 지상 교회를 중심으로 하는 개혁을 외치고 있습니다. 그리스도인과 목회자와 신학자는 땅에 있는 교회의 종탑이 하늘을 향해 있듯이, 하늘을 향해 성부, 성자, 성령, 삼위일체 하나님의 '수직적 교회'를 추구하고 그 '수직적 교회'를 발견할 때 모든 것을 소유하게 됩니다. 반면, 이 '수직적 교회'를 잃어버릴 때 모든 것을 다 잃어버립니다. 본서에서 저자는 이 사실을 절규하며 외치고 있습니다.

셋째로, 송재식 박사님과 추천자의 특별한 개인적, 인격적 관계 때문입니다. 추천자는 지금까지 수많은 추천사를 써왔지만, 본 추천사는 아주 특별합니다. 1984년, 신대원 입학 직전 히브리어 동계강좌 수강을 위해 장신대 엘림생활관에 입사하던 날 우리는 하나님의 섭리로 같은 호실에 배정받았습니다. 그때부터 지금까지 약 40년 동안, 목회와 신학의 동료이자 친구로서 송 박사님과 본 추천자는 늘 동고동락하고 있습니다. 따라서 긴 세월 함께한 동료이자 친구로서 이 책의 출간을 진심으로 축하하며 독자 제현께 기쁨으로 추천합니다.

목차

인간의 본성

우리 인간에게는 하늘의 씨앗이 있습니다. 땅에 발을 딛고 살지만, 하늘을 향해서 고개를 듭니다. 그래서 인간은 제한된 시간, 제한된 공간인 이 땅에 존재하면서도 늘 영원을 갈망하고, 영원을 꿈꾸며 살아갑니다.

솔직히 말해서 그런 존재가 바로 저 자신입니다. 제가 30년 목양생활을 해오면서 꿈꾸는 것도 이것입니다. 영적으로 어렸을 때는 몸부림치면서 하나님을 추구했습니다. 하나님과 만나고 싶어서 몸부림을 쳤고, 그 간절함 속에 나름대로 금욕생활에도 힘을 썼습니다. 그러나 아무리 갈구했지만, 그 영적인 갈증을 채움 받을 수 없었습니다.

훗날 영적으로 철이 들기 시작하면서 느끼고 깨닫게 된 것은 우리 인간이란 존재에게 있어 위를 쳐다보는 것은 자연스러운 성향이 아니라는 사실이었습니다.

독자 여러분! 한 번 고개를 들어 위를 쳐다보십시오. 위를 올려다보는 것보다 아래로 내려다보는 것이 훨씬 편하지 않습니까? 인간은 고개를 뒤로 젖히고 하늘을 바라보는 수직적인 자세보다는 수평으로 앞을 쳐다보거나, 아니면 아래를 바라보는 것이 훨씬 편한 존재입니다.

그래서 교회 역시도 한 때 수직적으로 힘있게 움직이다가도, 시간이 지나면 어느새 수평적으로 변하더라는 것입니다. 한때는 하늘의 아버지 하나님을 응시하다가도, 어느 순간 다시 동물처럼 움직입니다. 땅을 기어 다니는 것입니다.

왜 수직적 교회인가?

인간이 타락하면 모든 것을 자기 수준, 즉 수평적 수준으로 끌어내리려 합니다. 심지어 하늘에서 내려오신 성령을 자기 수준으로 끌어내립니다. 교회의 탄생 장면을 기록한 사도행전은 당시의 모습을 이렇게 설명하고 있습니다.

> 홀연히 하늘로부터 급하고 강한 바람 같은 소리가 있어 그들이 앉은 온 집에 가득하며(사도행전 2:2)

하늘로부터 급하고 강한 바람처럼 오신 분이 누구입니까? 바로 성령님이십니다. 이 성령님께서 "하늘에서 내려와 큰 집에 가득하고" 나서가 문제입니다. 오늘날 보세요. 하늘에서 내려오신 성령이 온 교회에 가득합니까? 아닙니다.

수평적인 인간들이 수직적 성령을 훼방합니다. 그래서 지상 교회는 수직적으로 시작하지만, 자꾸 수평적으로 나아갑니다. 그래서 저는 이 책에 '다시 수직적 교회로'라는 제목을 붙인 것입니다. 수평적인 교회에서 다시 수직적인 교회로 돌아가는 운동이 일어나야 합니다. 교회의 목회 방향과 모든 프로그램이 '위를 바라보는 것'이 되어야 합니다.

예수님을 영접하고 교회 생활을 하면서도 사람들은 세상과 똑같이 서로 헐뜯고 험담하고 상처와 좌절감을 안겨줍니다. 교인들은 이런 모습에 지치고 신물이 나 있습니다. 그런 모습을 비난하면서도 어느 순간 자신도 그들 중의 일부가 되어 있음을 깨닫고 좌절합

다시 수직적 교회로

니다.

그래서 그나마 의무감으로 다니던 교회조차 곧 발길을 끊으려 합니다. 오늘날 교회의 모습을 보면 마치 인본주의 쇼핑몰을 보는 것 같습니다. 인본주의의 특징이 무엇입니까? 인본주의의 매장에는 사람들이 언제든 원할 때 자신의 쇼핑카트에 담을 수 있도록 멋지게 잘 포장된 교만과 위선, 거짓말, 이기심, 허영심, 탐욕과 폭력 등의 상품이 가득합니다.

그런 인본주의적인 교회의 모습을 보며 신앙 생활하는 사람들은 점점 상처투성이가 되는 것입니다. 그렇게 상처를 입고 난 뒤에는 자신도 남에게 상처를 입히는 자가 되거나 아니면 믿음을 포기하고 교회를 떠나버립니다. 이처럼 인본주의적인 교회는 아무리 미사여구로 포장해도 수평적 교회의 한계에 부딪히고 맙니다.

한마디로 인본주의가 수평적 교회의 특징이라면, 신본주의는 수직적 교회의 특징입니다. 따라서 교회에는 신본주의 운동이 일어나야 합니다. 신본주의는 하나님의 영광만을 위해 나아가는 것입니다. 인간의 허물과 약점, 허다한 문제들이 하나님의 영광에 가려서 보이지 않습니다.

교회가 하나님의 영광을 추구하다 보면 인간들이 지닌 허다한 문제들과 약점이 모두 가려집니다. 그러므로 비록 늦었지만, 지금이라도 이 땅의 모든 교회가 수직적 교회로 가는 운동을 일으켜 교회 안에 하나님의 영광이 가득해야 합니다.

하늘이 열린 교회

혹시 '하늘이 열린다'는 말을 들어보셨습니까? 진정한 교회는 하늘을 여는 교회입니다. 때때로 이 말을 오해하는 분들이 있습니다. 그분들은 땅에서 하늘을 열 수 있다고 착각합니다. 그게 아닙니다. 하늘이 하늘 문을 열고 이 땅으로 내려와야만, 땅은 비로소 하늘을 만날 수 있습니다.

예수님이 하늘 문을 열고 이 땅에 내려오셨습니다. 성령님이 '홀연히 하늘로부터' 내려오셨습니다. 우리는 예수님을 통해서, 성령님 안에서 하늘을 만나는 것입니다. 예수님은 마태복음 16장 18절에서 베드로에게 말씀하셨습니다.

> 또 내가 네게 이르노니 너는 베드로라 내가 이 반석 위에 내 교회를 세우리니 음부의 권세가 이기지 못하리라

이것이 수직적 교회입니다. 세속문화가, 음부의 권세가 이 교회

를 이길 수 없습니다. 이런 교회가 지옥을 부숩니다. 죄로 가득한 세상의 문화를 정복할 수 있는 교회는 수직적 교회 밖에는 없습니다. 진짜 교회, 즉 수직적 교회에서 우리는 하늘의 소리를 들을 수 있습니다.

동시에 예수 믿는 사람들은 이 땅에서 하늘 문을 여는 사람들입니다. 이 하늘은 보통 우리가 생각하는 '하늘'(sky)이 아닙니다. 국어사전이 정의하는 하늘이 아니라 성경에서 말하는 '하늘'(heaven)입니다. 시편 기자가 61번, 요한계시록을 쓴 사도 요한이 50번이나 기록한 그 하늘은 과연 어떤 하늘일까요?

국어사전의 하늘이 지평선 위로 보이는 무한대의 넓은 공간이라면, 성경이 말하는 하늘은 '하나님의 나라'(Kingdom of God), '하늘나라'(Kingdom of Heaven)를 지칭하는 표현입니다. 그래서 하늘이 열린다는 것은 하늘나라, 즉 하나님의 나라가 열린다는 뜻입니다.

사도 바울은 고린도후서 12장 2절에서 제삼자적인 표현을 통해 자신이 "셋째 하늘까지 이끌려 갔다"고 고백합니다. 그러면 첫째 하늘, 둘째 하늘도 있다는 것 아닙니까? 한마디로 첫째 하늘은 우리가 볼 수 있는 공간이고, 둘째 하늘은 우리가 볼 수 없는 무한대의 넓은 공간이고, 셋째 하늘은 이 세상과 다른 저세상, 즉 '하나님의 나라'를 말하는 것입니다.

이 책에서 여러분께 소개하고자 하는 수직적인 교회는 바로 이 셋째 하늘의 하나님의 나라가 열려 있는 교회를 말합니다. 주님은 베드로의 신앙고백 위에 내 교회, 즉 이 수직적인 교회를 세우겠다고 약속하셨습니다.

영성 지수 천재로 살라

하나님은 모든 창조물 가운데 오직 인간을 하나님과 닮은 꼴로 지으셨습니다. 하나님의 형상과 모양대로 창조하셔서 하나님과 통하도록 하셨습니다. 동물들과 똑같은 수평선에 살지만, 수평적인 삶이 아닌 수직적인 삶을 추구하고 생각하도록 만드셨습니다. 창세기 1장 27절은 이렇게 말합니다.

> 하나님이 자기 형상 곧 하나님의 형상대로 사람을 창조하시되 남자와 여자를 창조하시고

이것이 하나님의 토브(tov)입니다. 온 세상을 창조하신 하나님은 그 창조하신 것들을 보시고 그것들을 기뻐하셨습니다. 그래서 창세기 기자는 "보시기에 좋았더라"라고 기록했습니다. 모든 피조물이

하나님이 창조하신 목적대로 살아가는 모습은 참으로 아름답고 보기 좋습니다.

특별히 우리 인간은 수직적으로 생각하고 수직적으로 하나님과 통하며 사는 것이 '보시기에 좋은' 모습입니다. 이 땅의 교회들은 지구촌의 모든 인류가 다시 하나님과 수직적으로 통하는 삶을 살아가도록 이끄는 통로가 되어야 합니다.

하늘, 즉 하나님의 나라와 통하고 영적 세계와 교통하는 사람들을 영성 지수(Spiritual Quotient) 천재라고 말합니다. 이 땅에서 하늘을 여는 사람들이기 때문입니다. 하나님은 영(靈)이십니다. 하나님의 존재 방식은 영입니다.

영이신 하나님과 통하는 사람, 수직적인 지혜를 가진 사람, 영성 지수(SQ) 천재들은 서로 통합니다. 이것을 가리켜 성도의 교제라고 말합니다. 이제 이 시대는 영성 지수 천재들이 움직여야 합니다(move). 다시 수직적인 교회로 만들어야 합니다.

교회를 교회 되게 하는 것은 '다시 수직적 교회로' 돌아갈 때 가능합니다. 지금 한국 교회 안에 인본주의적 민주주의가 득세하여 교회마다 수평적 세속 문화의 꽃을 피우고 있습니다. 이 모습을 사탄이 제일 좋아하고 있습니다. 사탄이 제일 무서워하는 것은 십자가입니다. 수직적 교회(신본주의)입니다.

오직 예수를 선포하며,

오직 예수 보혈의 능력을 증거하며,

오직 십자가를 노래하는 찬양과 말씀이

수직적 교회의 강단에 울려 퍼지기를 소원합니다.

애굽을 떠나

Part 1

하나님의 영광이
떠난 교회

하나님이 모든 것을 지으시되

때를 따라 아름답게 하셨고

또 사람들에게는 영원을 사모하는 마음을 주셨느니라

그러나 하나님이 하시는 일의 시종을

사람으로 측량할 수 없게 하셨도다

(전도서 3:11)

"시대의 정신은 교회의 정신이 되어간다."

20세기의 기독교 지성이요, 철학자인 프랜시스 쉐퍼 박사의 유명한 말입니다. 여기서 쉐퍼가 말하는 '교회'는 그 교회가 존재하고 있는 삶의 자리, 즉 세상이 보여주는 시대정신을 따라가는 수평적인 교회를 가리킵니다. 이는 곧 교회의 정신이 시대의 정신에 좌우된다는 의미입니다.

반면, 수직적 교회, 즉 하늘과 연결된 교회는 오히려 시대 정신을 거스릅니다. 마치 한 여름 큰비에 홍수가 나서 모든 것들이 한꺼번에 떠내려간다고 할지라도 생명 있는 물고기는 그 물살을 가르고 거꾸로 거슬러 올라가는 것과 같습니다. 저는 이 시대의 교회들이 시대의 물결에 떠내려가는 수평적 교회가 아니라 펄떡이는 물고기처럼 시대 정신을 거슬러 올라가는 수직적 교회가 되기를 소원합니다.

예수는 떡을 위해 세상에 오시지 않았다

지난 2천 년간 이어져 온 교회의 역사는 이를 증언하고 있습니다. 사람들은 자기 배가 부르고 부족함이 없을 때는 하나님을 갈망하지 않습니다. 예수님이 성육신하여 33년을 사셨던 팔레스타인에 살던 사람들도 크게 다르지 않았던 것 같습니다. 그래서 예수님께서도 이점을 아시고 지적하셨습니다.

> 예수께서 제자들에게 이르시되
>
> 내가 진실로 너희에게 이르노니
>
> 부자는 천국에 들어가기가 어려우니라
>
> 다시 너희에게 말하노니 낙타가 바늘귀로 들어가는 것이
>
> 부자가 하나님의 나라에 들어가는 것보다 쉬우니라
>
> (마태복음 19:23, 24)

예수님은 이 땅에 떡을 주려고 오시지 않았습니다. 물론 교회는 어려운 이웃을 구제해야 하고, 선하고 옳은 일을 위해서도 힘쓰고

노력해야 합니다. 지역사회를 위한 복지 사업도 필요합니다. 그러나 교회는 그것만을 위해 존재하지 않습니다. 세상의 가치관에 기반한 수평적 관계에 앞서 하나님과의 수직적 관계가 먼저입니다.

수평적 교회는 사람들의 만족을 추구하고 사람의 영광을 드러내는 데 관심이 많습니다. 그러다 보니 하나님보다 사람이 더 높아지고 유명해집니다. 반면에 수직적 교회는 오로지 하나님의 영광만 드러냅니다. 수직적 교회는 사람의 소리는 잦아들고, 하나님의 음성과 그분의 뜻에 집중합니다. 교회 안에서 하나님의 말씀과 찬양과 기도 소리가 더 커집니다. 바로 이런 교회에 하나님의 영광이 있습니다.

채울 수 없는 인간 영혼의 갈망

전도서를 쓴 지혜자는 이렇게 노래합니다.

> 하나님이 모든 것을 지으시되 때를 따라 아름답게 하셨고
> 또 사람들에게는 영원을 사모하는 마음을 주셨느니라
> 그러나 하나님이 하시는 일의 시종을 사람으로
> 측량할 수 없게 하셨도다
> (전도서 3:11)

동물들과 달리 우리 인간에게는 영혼의 갈망이 있습니다. 정확히 설명할 수는 없지만, 사람에게는 영원을 사모하는 마음이 있습니다. 창조주 하나님이 우리 안에 불어넣으신 이 갈망은 그 어떤 인간적 경험으로도 억누르거나 만족시킬 수 없습니다. 이 갈망을 채우기 위해 명예나 재물을 떠먹어 봐야 그대로 다시 토해낼 뿐입니다. 많은 사람이 엉뚱한 것을 채웠다가 토하기를 자신이 쓰러질 때까지 반복합니다.

그러나 이 인간 영혼이 가진 갈망은 사람을 지으신 창조주 하나님만이 채워주실 수 있습니다. 이 일은 수직적 교회만이 할 수 있습니다. 이 땅에는 수많은 교회가 있습니다. 신도시가 새로 들어서면 가장 먼저 십자가들이 앞다투어 물결을 이룹니다. 이 중에서 과연 수직적 교회는 얼마나 될까요?

대다수 교회가 수평적 교회, 즉 이 땅에서 누리는 복과 이 땅의 관점에서의 부흥을 추구하고 있는 것이 오늘 이 시대 교회의 가슴 아픈 현실입니다. 심각한 문제가 아닐 수 없습니다. 세상과 손잡고 타락한 교회가 바로 수평적 교회입니다.

하나님의 영광이 떠난 유럽 교회

저는 하나님의 영광이 떠난 유럽 교회의 현실을 직접 보았습니다. 그 이유가 무엇인 줄 아십니까? 세속 문화가 교회를 삼켜버렸습니다. 교회가 마치 흑사병 같은 심리학에 물들고, 산업화와 물질주의에 물들고, 사회주의 사상에 물들었습니다. 한결같이 이 시대의 정신을 따라갔고, 앞다투어 수평적 교회가 되고 말았습니다.

유럽에는 하늘을 찌를 듯이 높게 솟은 십자가 종탑이 도시와 고을마다 자리하고 있습니다. 그 우람하고 웅장한 성당과 교회당에서 하나님의 영광이 떠나버린 것입니다. 마치 전깃줄이 없이 전봇대만 남아있는 느낌입니다. 하나님의 전류, 하나님의 영광이 흐르지 않는 신도들이 무슨 신도이겠습니까? 하나님과 무관하게 움직이는 교회가 무슨 교회이겠습니까?

로마가톨릭 교회를 보면 수평적으로는 대단한 힘을 가지고 있는 것처럼 느껴집니다. 교황의 권위는 마치 세상을 삼킬 듯합니다. 세계 모든 나라에서 새로운 대통령이 당선되면 교황청에 인사를 드리기 위해 특사를 파견할 정도입니다.

그러나 그곳에 영적인 전류는 흐르지 않습니다. 그럴싸한 전류관만 남아 있을 뿐입니다. 화려하게 치장된 전류관이 부럽습니까?

하지만 그 전류관에는 빛이 들어오지 않습니다. 캄캄합니다. 어둠의 영인 사탄이 들끓습니다.

그런데도 로마가톨릭이 부럽습니까? 거기에 속아서, 겉으로 보기에 거룩하고 경건해 보여서 그쪽으로 세상 사람들이 몰려간다니, 얼마나 개탄스러운 노릇입니까?

흑사병이 주는 교훈

중세 말기 유럽 대륙을 강타한 흑사병에 대해서 들어 보았습니까? 역사학자나 문명비평가들은 이 질병이 세계 역사의 흐름을 바꾸어 놓았다고 평가합니다. 그만큼 이 흑사병은 당시 세계의 사람들에게 엄청난 충격을 주었습니다.

14세기부터 15세기까지 100여 년간 계속된 1차 대역병 시기에 세계 인구는 4억 5천만 명에서 3억 5천만 명으로 최소 1억 명이 줄어들었습니다. 이 기간에 2억 명이 페스트, 즉 흑사병으로 사망했다는 통계가 있습니다. 1348년에서 1350년 사이에 유럽 인구의 1/3에서 절반에 이르는 사람이 흑사병으로 죽었습니다.

근대에 접어든 17세기에도 유럽에서 흑사병이 창궐했는데, 1664년 5월 영국에서 발병한 것으로 보고되었습니다. 한 달 만에

590명이 흑사병으로 죽었고, 이것이 급속도로 전염되어서 1665년 7월까지 17,000명이 영문도 모른 채 급사했습니다. 그로부터 한 달 뒤에는 31,000명이 죽었습니다. 당시 46만이던 런던 인구의 20%가 페스트로 목숨을 잃었고, 이후 파리 같은 대도시도 인구의 절반이 목숨을 잃었습니다.

이 흑사병의 '흑'이 무엇을 뜻하는지 아시나요? 도저히 그 원인을 알 수 없기에 '흑'이라 불렸습니다. 종기와 내부 출혈로 인해 온몸에 검은 반점이 생겼기 때문에 만들어낸 표현이 '흑'입니다. 그리고 당시 이 병에 걸리면 무조건 죽었습니다. 그래서 '흑사'병이라 불렀습니다.

사람들이 얼마나 무서웠을까요? 모두가 공포에 떨었습니다. 같이 사는 가족 중에 이 '까만 반점'이 생기면 곧 가족 전체가 죽는 것입니다. 그 공포 때문에 마을에 환자 한 명만 생기면 사람들은 미친 듯이 고향을 떠나 달아났고, 도시의 경우 그 인파가 구름 떼 같았다고 기록하고 있습니다.

흑사병에 대처하는 데 있어서 무엇보다 어려웠던 점은 원인을 몰랐다는 사실입니다. 그래서 당시 의사들은 아무 약이나 마구 썼다고 합니다. 그러다 보니 약을 잘못 먹고 죽은 사람들도 많았습니다. 공기나 더러운 냄새 때문에 병이 퍼져간다고 생각해 불을 피워 공기를 태우기도 했습니다. 오죽했으면 의사들이 검은 반점으로 뒤덮인 환자들에게 재를 먹여 기침을 유도해 그 원인을 찾으려 했을까요?

이처럼 흑사병이 유행하던 이 시대가 언제입니까? 17세기, 영국에서 산업혁명이 일어나던 시대였습니다. 오대양 육대주에 걸쳐 세계가 유럽 국가들의 식민지가 되어가던 시대였습니다. 유럽인들의 긍지와 자신감이 최고조로 달하던 때입니다.

또한 계몽주의와 합리주의 사조가 유행하면서 유럽 사회에는 뛰어난 지성과 학식을 갖춘 똑똑하고 잘난 사람들이 대거 등장했습니다. 그럼에도 불구하고 이 시대에 사람들은 왜 흑사병에 걸리는지 영문도 모른 채 죽어갔습니다.

교회사적으로 그 시기는 종교개혁이 일어난 지 백 년이 지난 때였습니다. 종교개혁을 통해서 유럽에 하나님의 영광이 임했던 것인데, 백 년이 지나자 그만 그 영광이 떠나고 말았습니다. 유럽의 교회가 영적인 흑사병에 걸린 것입니다. 이 시기에 유럽의 프로테스탄트 교회는 칼뱅파와 루터파, 그리고 재세례파가 서로 박 터지게 싸웠습니다.

그렇게 싸우다 보니 복음 전도와 선교의 사명을 잃어버렸습니다. 중세 가톨릭교회가 벌였던 메마른 교리논쟁으로 허송세월했습니다. 이때 하나님의 영광이 유럽 교회를 떠난 것입니다. 영적으로 흑사병에 걸린 그들과 하나님이 함께하실 수 없었기 때문입니다.

하나님이 함께하시는 교회

하나님은 절대로 수평적 교회와는 함께하지 않으십니다. 아무리 재정이 풍부해도, 예배당 건물이 아무리 웅장하고 화려해도, 잘난 사람들과 권세 있는 사람들이 아무리 많아도 하나님은 그 교회와 함께하실 수 없습니다.

그와 반대로, 돈이 많지 않아도, 보기에 화려하지 않아도, 모자라고 힘이 없어도 하나님이 임재하시는 교회라면 충분합니다. 하나님이 우리와 함께하시면 됩니다. 수직적으로 하나님과 통하면 됩니다.

루터와 칼뱅을 비롯한 종교개혁자들은 '오직 믿음'(sola fide), '오직 성경'(sola scriptura), '오직 하나님께 영광'(sola gloria)을 추구했습니다. 그 정신으로 하나님과 통했습니다. 그 종교개혁이 일어난 지 5백 년의 세월이 흘렀습니다. 개혁자들의 정신을 이어받아 서림교회와 우리 한국 교회가 하나님과 통하는 교회가 되기를 원합니다.

교회는 그 규모가 중요하지 않습니다. 아무리 큰 교회라고 할지라도 하나님과 통하지 않으면 존재의 의미가 없습니다. 세상과 구별되는 단 한 가지 요소를 갖지 못했다면, 모든 것을 가졌다 해도 실상은 아무것도 없는 것이나 마찬가지입니다. 우리가 태어날 때부터 갈망하는 것, 곧 영혼의 컬컬함을 교회가 채워주어야 합니다.

여러분, 하나님을 믿는 사람과 믿지 않는 사람의 차이가 무엇입니까? 하나님을 믿는 사람은 하나님의 임재 속에 삽니다. 하나님과 수직적으로 통하는 삶이야말로 사실은 모든 것을 가진 삶입니다. 교회가 유일하게 내세워야 할 사실은 하나님이 우리와 함께하신다는 것입니다. 하나님이 임재하시지 않으면, 아무리 좋은 설교도, 아름다운 찬양도 무용지물입니다.

조금 없이 살아도, 조금 못 나게 살지라도 하나님과 동행하는 것이 특별한 경험이 아니라 일상적인 일이 되는 그리스도인들이 되기를 소망합니다.

돈이 많지 않아도, 보기에 화려하지 않아도,
모자라고 힘이 없어도
하나님이 임재하시는 교회라면 충분합니다.
하나님이 우리와 함께하시면 됩니다.
수직적으로 하나님과 통하면 됩니다.

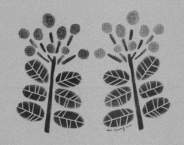

예수를
깊이 생각하라

그러므로 함께 하늘의 부르심을 받은

거룩한 형제들아

우리가 믿는 도리의 사도이시며 대제사장이신

예수를 깊이 생각하라

(히브리서 3:1)

다시 수직적 교회로

생각하는 갈대

여러분, 지금 무슨 생각을 하고 계십니까? 영과 진리로 하나님을 예배하는 시간에 무슨 생각을 하고 있습니까? 생각이란 얼마나 무서운지요! 사람은 모두 제각각 자신이 생각하는 대로 삽니다. 그래서 돈만 생각하는 사람은 그 얼굴조차도 오백 원짜리 동전을 닮는다고 합니다.

무엇을 생각하느냐 하는 문제는 참으로 중요합니다. 프랑스의 수학자이자 철학자요, 신학자인 블레즈 파스칼(Blaise Pascal, 1623-1662)이 말한 유명한 명제, "인간은 생각하는 갈대다"라는 말은 곧 사고하는 존재로서의 인간을 의미합니다. 한 사람의 생각은 그의 행동을 낳고, 그 행동은 습관을 만들고, 습관은 인격을 만들고, 인격은 그의 운명을 만듭니다.

이 사실을 너무나 잘 알고 있던 사탄은 처음부터 그 마음에 나쁜 생각을 품도록 첫 사람 아담과 하와를 은밀하고 집요하게 공격했습니다. 선악과나무 아래서 하와에게 묻습니다. "너의 하나님이 정말 선악과 열매를 먹지 말라 하시더냐?"

하나님을 의심하게 하는 이 한마디가 사람의 생각을 병들게 했습니다. 이때부터 인간은 권위를 무시하고 불신하게 되었습니다. 이는 모든 것의 붕괴를 알리는 신호탄이기도 했습니다. 인류의 파멸이 시작되었던 것입니다.

예수를 '깊이' 생각하라

그러므로 우리는 생각을 잘해야 합니다. 육신의 생각, 즉 육신의 소욕은 파멸입니다. 반면 성령의 수직적 생각은 평강과 희락입니다. 성령의 생각에는 생명력이 있습니다. 거룩한 힘이 하나님에게서 나옵니다. 이 성령의 생각은 예수님에게서 시작합니다. 수직적 생각의 출발이 바로 예수님 생각입니다.

그러므로 함께 하늘의 부르심을 받은 거룩한 형제들아,

우리가 믿는 도리의 사도이시며 대제사장이신

예수를 깊이 생각하라

(히브리서 3:1)

히브리서 저자는 거룩한 형제들을 향해 "예수를 '깊이' 생각하라"고 했습니다. 이는 곧 생각하고 또 생각하라는 명령입니다. 생각이 구체적 행동으로 바뀔 때까지 생각하라는 것입니다. 적당히 생각하다가 말라는 뜻이 아니라, 행동이 수반될 때까지 생각하라고 하십니다.

생각은 우리 얼굴에 나타납니다. 집중해서 생각하고 또 생각하면 우리의 모습도 닮아갑니다. 그래서 끊임없이 주님을 묵상하면 주님을 닮아갑니다. "콩 심은 데 콩 나고, 팥 심은 데 팥 난다"는 속담처럼, 사람은 자기 생각대로 삽니다.

육신의 소욕을 이기는 힘

예수님을 묵상하는 힘이 약해지면 타락한 세상적인 생각을 이길 수 없습니다. 더 이상 버텨낼 수가 없습니다. 그러므로 주님을 묵상하는 힘을 길러야 합니다. 그래야 수직적인 묵상의 힘으로 수평적인 육신의 소욕을 이길 수 있습니다.

생각의 입구에 파수꾼을 세워야 합니다. 악하고 추한 생각이 침투하지 못하도록 항상 깨어서 지켜야 합니다.

> 아무것도 염려하지 말고 다만 모든 일에 기도와 간구로
>
> 너희 구할 것을 감사함으로 하나님께 아뢰라
>
> 그리하면 모든 지각에 뛰어난 하나님의 평강이
>
> 그리스도 예수 안에서 너희 마음과 생각을 지키시리라
>
> (빌립보서 4:6, 7)

이 말씀에서 '지킨다'라는 단어는 군사 용어입니다. 우리의 마음과 생각을 호시탐탐 노리는 악한 원수가 있습니다. 그 원수에 맞서서 나 자신의 힘으로는 내 마음을 지키지 못합니다. 그리스도의 평강이 있어야만 악한 생각과 추한 생각이 우리 마음에 침투하지 못합니다. 주님이 내 마음과 내 생각을 지켜주시는 것입니다.

우리가 사는 세상에 폭력적이고 선정적인 것들이 얼마나 많습니까? 그것들은 우리 육신의 소욕을 부추깁니다. TV나 영화, 잡지에 범람해 침투하는 것을 어떻게 막을 수 있습니까? 우리에게 막을 길이

없습니다. 역부족입니다. 내가 나를 지키는 데에는 한계가 있습니다. 그러나 주님을 깊이 묵상하면, 그리스도의 평강이 지켜주십니다.

생각의 필터를 장착하라

경건신학자의 한 사람으로서 여러분께 부탁드립니다. 여러분의 마음에 '생각의 필터'를 설치하십시오. 미운 생각과 추한 생각을 막을 수는 없지만, 그것을 거를 수는 있습니다. 물만 필터로 정수하여 마시는 게 아닙니다.

지금은 생각의 필터가 필요한 시대입니다. 우리가 육신을 떠나서 살 수는 없기 때문에, 육신의 소욕은 항상 존재합니다. 그러므로 생각의 필터가 없으면 그 소욕대로 사는 것입니다. 험담하고 부정적인 말을 하는 사람을 멀리하세요. 그 말을 가까이서 들으면 내 생각이 병들기 시작합니다. 마귀는 틈만 나면 험하고 악한 생각을 침투시킵니다. 우리는 단호히 맞서서 생각의 파수꾼을 세워놓아야 합니다.

하나님 아는 것을 대적하여 높아진 것을 다 무너뜨리고
모든 생각을 사로잡아 그리스도에게 복종하게 하니
(고린도후서 10:5)

말씀과 기도로 생각의 틀을 바로 잡으면 다 여과됩니다. 특히 우리 자녀들에게 항상 수직적 생각을 할 수 있도록 생각의 필터를 달아 세상에 보냅시다. 우리 자녀들이 예수를 깊이 생각하도록 합시다.

다니엘이 바벨론의 학문을 배웠지만, 그 학식이 다니엘을 망가 뜨리지 못했습니다. 다니엘에게는 생각의 필터가 있었기 때문입니다. 그는 기도하는 습관을 달고 살았습니다. 언제나 기도하는 습관, 수직적 생각의 필터를 장착하고 살았습니다. 그래서 세속적 사상과 타락한 문화가 범람해도 그것들을 걸러 낼 수 있었습니다. 만일 우리 자녀들에게 생각의 필터가 없다면, 우리는 다음 세대를 기대할 수 없습니다.

이데올로기의 망령을 경계하라

생각의 폐해는 한 사람만 망치는 것으로 그치지 않습니다. 그것은 한 시대를 병들게 합니다. 생각을 어떤 줄로 꿰어 모아놓으면 그것을 이념, 즉 이데올로기라고 합니다. 이데올로기의 타락은 세상을 병들게 합니다.

18세기에 애덤 스미스(Adam Smith, 1723-1790)는 이렇게 주장했습니다. "각자 알아서 자기 이익을 위해 최대한 몸부림치다 보면,

어떤 보이지 않는 손길이 시장에서 작동하여 세상은 어떤 방식으로 든지 잘 발전할 것이다." 이것이 그 유명한 '시장경제 논리'입니다.

이 논리는 굉장히 그럴싸해 보이지만 잘못된 방향으로 나아갔습니다. 이 논리는 결국 황금만능주의, 무분별한 자본주의를 낳았습니다. 이 논리에 빠진 서구의 열강들은 너나 할 것 없이 해외 식민지를 개척했습니다.

그렇게 해서 수많은 식민지 국가가 생겨났습니다. 아프리카, 인도, 동남아시아, 남아메리카 국가들은 말로 표현하기 어려울 만큼 착취와 수탈을 당했습니다. 그 나라들은 수십 년 전에 독립했음에도 불구하고 지금까지 그 후유증으로 혼란을 겪고 있습니다. 이데올로기가 타락하면 이렇게 무섭습니다.

무분별한 자본주의에 대한 반항으로 칼 마르크스(Karl H. Marx, 1818-1883)가 사회주의 이론을 만들어냅니다. 세상이 이렇게 불공평한 이유는 가진 자들이 민중을 착취하기 때문이라는 생각이었습니다. 마르크스는 그 가진 자들에게 명분을 주는 것이 기독교라고 했습니다.

그는 기독교는 인민을 골병들게 하는 상류층을 대변하기 때문에 아편과 같다고 주장했습니다. 그러므로 인류의 유토피아를 만드는 길은 폭력적 프롤레타리아 혁명을 일으켜 자본주의를 몰아내는 데 있다고 역설했습니다.

그들의 사상은 이 땅에서 기독교를 말살하고 하나님 없는 인민들의 낙원을 건설하는 것이었습니다. 이것이 바로 마르크스-레닌주의의 '공산주의 혁명사상'입니다. 마르크스-레닌의 공산주의 사상은 20세기 초중반 세계를 장악했습니다. 구 소련과 베트남, 그리고 동구라파가 이 허구적 유토피아론에 우롱당했습니다. 그 와중에 우리나라도 동족상잔의 비극을 경험했고 지금까지도 그 분단과 전쟁의 비극은 우리 민족에게 크나큰 아픔과 상처로 남아 있습니다.

포스트모더니즘의 무서운 함정

생각이 가진 힘은 이렇게 무섭습니다. 생각의 힘은 인류의 미래를 결정할 만큼 그 파괴력이 엄청납니다. 수직적 사고는 사람을 살리는 생명력이 있지만, 퇴폐적인 생각과 수평적 소욕의 생각은 사람을 사망에 이르게 합니다.

오늘날, 현대를 지배하고 있는 사상은 무엇입니까? 포스트모더니즘입니다. 포스트모더니즘의 핵심은 자기 생각과 감정에 충실하라는 것입니다. 포스트모더니즘은 수평적인 생각만 하라고 가르칩니다. 절대적인 선과 악은 없고 자신의 느낌과 자신의 감정 그대로

다시 수직적 교회로

의 판단이 제일 중요하다고 강조합니다.

한마디로 포스트모더니즘은 이기주의의 종착역이라고 할 수 있습니다. 그래서 결혼도 계약으로 합니다. 아이도 낳기 싫으면 낳지 않습니다. 결혼생활도, 직장생활도 좋으면 하고, 싫으면 내팽개칩니다. 이런 사조를 널리 퍼뜨린 나라들이 바로 서구 유럽과 북미주 국가들입니다.

이런 나라들이 한때 기독교 문화를 꽃피운 기독교 국가였다는 사실이 우리를 더 서글프게 만듭니다. 마치 탕자의 비유에서 아버지의 사랑과 배려를 독차지했으면서도 그 사랑을 내팽개쳐 버리고 떠나간 아들을 보는 듯합니다.

> 하나님을 알되 하나님을 영화롭게도 아니하며
>
> 감사하지도 아니하고 오히려 그 생각이 허망하여지며
>
> 미련한 마음이 어두워졌나니
>
> (로마서 1:21)

한때 하나님을 알았던, 그리고 전 세계에 선교사를 파송했던 서구 유럽이 이런 상황이 되었습니다. 그 결과 서유럽의 예배당은 텅 비어 버렸습니다. 지금은 미국의 예배당이 비워져 가고 있고, 한국의 예배당도 비워지기 시작했습니다. 갈수록 침몰해가는 모습입니다.

왜 이렇게 되어갈까요? 오늘날 현대화는 곧 서구화를 가리킵니다. 그 현대화를 주도하는 사람들이 우리의 자녀들입니다. 오늘날 한국을 주도하는 부류들은 지난 이삼십 년 동안에 미국과 유럽에서 공부하고 돌아온 세대들입니다.

그들은 유학 가서 공부하면서 서구사회의 발전된 엘리트 문명과 이른바 앞서가는 문화의 영향을 받았습니다. 그 결과로 세속주의와 개인주의, 포스트모더니즘에 물들어서 돌아온 것입니다. 철저한 세속화와 수평적 사고로 다 똑똑해졌습니다. 그런데 안타깝게도 그들은 너무 똑똑해진 악마가 되어서 돌아왔습니다. 그들이 지금 우리 사회를 주도하고 있습니다.

여러분, 똑똑해진 악마가 성공하면 그것이 진정한 성공일까요? 그것은 성공처럼 보이지만 실상은 저주입니다. 성도 여러분, 착각하지 말고 돌아서야 합니다. 거짓된 성공의 허상에서 돌아서야 합니다. 세상의 소욕에 물든 사고, 수평적 생각으로부터 돌이켜야 합니다. 그것이 살 길입니다.

다시 수직적 교회로

어두운 밤에 빛나는 별

오라 우리가 여호와께로 돌아가자

여호와께서 우리를 찢으셨으나 도로 낫게 하실 것이요

우리를 치셨으나 싸매어 주실 것임이라

(호세아 6:1)

호세아 선지자가 타락한 이스라엘을 향해서 부르짖었던 것처럼 우리도 지금 하나님께로 돌아와야 합니다. 수평적 사고로부터 돌이켜야 합니다. 수직적 생각만이 인류를 살립니다. 우리는 지금 예수를 깊이 묵상할 때입니다.

지금은 캄캄한 세대입니다. 앞이 보이지 않습니다. 그러나 캄캄해져야 별을 볼 수 있습니다. 지금이 바로 깊이 있게 주님을 만날 때입니다. 주님은 항상 내 곁에 계셔서 위기의 때, 캄캄할 때 확실하게 붙잡아 주십니다. 지금이 수직적 사고로 돌아올 때입니다.

하나님의 형상을
회복하라

예레미야가 아직 시위대 뜰에 갇혀 있을 때에

여호와의 말씀이 그에게 두 번째로 임하니라 이르시되

일을 행하시는 여호와, 그것을 만들며 성취하시는 여호와,

그의 이름을 여호와라 하는 이가 이와 같이 이르시도다

너는 내게 부르짖으라 내가 네게 응답하겠고

네가 알지 못하는 크고 은밀한 일을 네게 보이리라

(예레미야 33:1-3)

다시 수직적 교회로

수직적 존재로 창조된 인간

하나님께서는 저와 여러분을 두 발로 일어서고 걸어 다니는 직립 인간으로 만드셨습니다. 그뿐 아니라 하나님은 우리를 자기 형상, 곧 하나님의 형상을 가진 존재, 하나님과 통하는 존재로 만드셨습니다.

하나님이 자기 형상 곧 하나님의 형상대로

사람을 창조하시되 남자와 여자를 창조하시고

(창세기 1:27)

하나님은 우리 인간을 만드실 때 겉모습뿐 아니라 그 본질까지도 '수직적 인간'으로 만드신 것입니다. 동물은 땅을 기어 다닙니다. 그래서 동물은 이 땅에서 수평적으로 살다가 사라집니다. 그러나 수직적 인간은 하늘 하나님과 교통하며 살도록 지으셨습니다. 사람은 죽어도 사는 영원한 존재입니다.

여러분에게 이 하나님의 형상이 회복되기를 바랍니다. 하나님의 형상으로 만들어진 인간이 타락하면 동물처럼 수평적으로만 삽니다. 그렇게 살다가 죽어갑니다. 그러므로 우리는 진짜 사람으로 회복되어야 합니다. 하나님이 창조하신 원형인 수직형 인간성을 회복해야 합니다.

오직 기도로만 보이는 일

너는 내게 부르짖으라 내가 네게 응답하겠고
네가 알지 못하는 크고 은밀한 일을 네게 보이리라
(예레미야 33:3)

하나님은 예레미야를 향해서 네가 알지 못하는 크고 은밀한 일을 보여주시겠다고 말씀하십니다. 예레미야에게 주신 말씀은 곧 오늘 우리를 향한 말씀입니다. 하나님은 우리가 알지 못하는 크고 은밀한 일을 보여주신다고 말씀하십니다.

기도는 우리의 영의 눈을 열어줍니다. 수직적인 눈이 열리는 것입니다. 영적인 눈이 열리면 그동안 보이지 않던 것과 알지 못하던 것들이 보이기 시작합니다. 그러면 아이큐보다 뛰어난 아이디어가 생깁니다. 서울 어느 교회에 갔더니 교회 사무실과 방들마다 부착된 문구가 있었습니다.

"회의는 짧게, 기도는 길게"

그렇습니다. 기도하면 그 사람에게 하나님의 지혜가 생깁니다. 바꾸어 말하면, 기도하지 않으면 도저히 볼 수 없는 비밀이 있다는 말입니다. 그래서 하나님은 가슴을 치고 계십니다. 기도하면 보일 텐데 왜 기도하지 않고 저러고 있을까 하고 안타까워하십니다. 수직적 교회의 교우들은 막히고 답답하면 기도합니다. 하나님께 묻습니다. 부르짖습니다.

보라 내가 새 일을 행하리니 이제 나타낼 것이라

너희가 그것을 알지 못하겠느냐

반드시 내가 광야에 길을 사막에 강을 내리니

(이사야 43:19)

우리는 기도할 때 추상적인 기도가 아닌 구체적이고 실제적인 기도를 해야 합니다. 애매하게 기도하면 응답도 애매하게 오기 때문입니다. 구체적으로 기도해야 생각 밖의 비밀스러운 응답이 실제적으로 옵니다. 구체적으로 기도할 때 캄캄한 광야에서도 길을 발견할 수 있습니다. 동서남북이 다 막혀도 하나님의 길, 수직적인 길을 보여주십니다.

지도보다는 나침반이 필요하다

우리 인생은 광야를 사는 것과 같습니다. 광야에서는 방향이 중요합니다. 왜냐하면 정상이 보이는 산과 달리, 광야에는 눈에 보이는 특별한 지형지물이 없기 때문입니다. 따라서 방향을 잘 잡아야 길을 잃지 않습니다. 방향만 정확히 걸어가면 원하는 목적지에 이를 수 있습니다. 그러나 조금이라도 방향이 잘못되면 메마른 광야에서 방황하게 됩니다.

또한 광야에서는 지도가 필요 없습니다. 지형이 수시로 변하기 때문입니다. 바람에 모래가 이동하여 언덕이 생겼다가도 자고 나면 그 언덕이 사라집니다. 그래서 지도에 의지해서 가다 보면 길을 잃게 되어 있습니다.

다시 수직적 교회로

여러분, 그 지도가 무엇입니까? 인간적인 생각과 지식입니다. 수평적인 교훈입니다. 그런 것들을 참고는 해도 믿지는 마십시오. 광야에서 필요한 것은 지도가 아니라 나침반입니다. 나침반은 절대로 거짓말하지 않습니다. 남과 북을 정확하게 가르쳐주기 때문에, 그 방향으로 가면 정확합니다. 그래서 길이 없는 곳에서도 방향을 잃지 않습니다. 이와 같은 인생의 광야 길에서 나침반은 무엇일까요?

수직적 교회의 나침반, 하나님의 말씀

예레미야가 아직 시위대 뜰에 갇혀 있을 때에

여호와의 말씀이 그에게 두 번째로 임하니라 이르시되

일을 행하시는 여호와 그것을 만들며 성취하시는 여호와

그의 이름을 여호와라 하는 이가 이와 같이 이르시도다

(예레미야 33:1, 2)

나침반은 바로 여호와의 말씀입니다. 나침반은 언제나 변함없이 같은 방향을 가리킵니다. 그러므로 우리는 변하지 않는 하나님의 말씀을 붙들어야 합니다. 그래야 방향을 잃지 않습니다. 얼마나 든든한 말씀입니까? 그 말씀은 우리 인생의 길잡이이자 우리 인생의 나침반입니다.

하나님의 말씀은 광야를 걸어가는 인생들에게 들려옵니다. 이스라엘 백성이 애굽에 있을 때는 그 말씀을 듣지 못했습니다. 사람의 소리 때문에 하나님의 말씀이 들리지 않았습니다. 그러나 광야와 같은 절박한 상황 속에 있을 때 하나님의 소리가 들려옵니다. 예레미야도 시위대 뜰에 갇혀있을 때 하나님의 말씀이 그에게 임했습니다.

수직적 교회와 수평적 교회의 차이가 여기에 있습니다. 수평적 교회에서는 사람의 소리가 크게 들립니다. 사람이 주인 노릇을 합니다. 믿음 없는 사람들이 힘을 과시합니다. 그래서 믿음 없는 일이 발생합니다.

자존심이 센 사람들이 서로 자존심을 겨룹니다. 하나님을 믿는다 말만 하고 자기 자존심을 믿는 사람들입니다. 자아가 부서지지 않는 사람들이 더 힘을 갖고 목소리가 큰 교회가 수평적 교회입니다.

그러나 수직적 교회에서는 하나님의 말씀이 들립니다. 예수님이 주인이십니다. 수직적 교회에는 자존심이 없습니다. 오직 예수 믿는 자존감만 있을 뿐입니다. 이미 자아가 부서진 사람들이 섬기는 교회가 수직적 교회입니다.

수직적 교회에서는 하나님의 은혜를 알고, 은혜를 경험한 사람들이 말없이 섬깁니다. 세상 나라의 이야기보다는 하나님 나라의 이

다시 수직적 교회로

야기가 있습니다. 세상의 뉴스보다 하나님 나라 뉴스인 복음(good news)이 있습니다. 이런 교회가 바로 수직적 교회요, 우리 서림교회입니다.

흙이 주는 교훈

저는 늘 흙과 가까이 지냅니다. 여러분이 아시다시피 저의 별명이 '걸어 다니는 진흙 덩어리'입니다. 그래서 저는 흙을 보면서 많은 은혜를 받습니다. 비가 오면 밭의 흙이 부드러워집니다. 밭일하기가 훨씬 쉬워집니다. 따라서 촉촉하게 충분하게 내린 비는 메말라 있던 흙에게 은혜의 단비입니다.

벼를 심기 위해서 논에 물을 대고 로타리를 치면, 무거운 돌과 깨지지 않은 덩어리는 아래로 가라앉습니다. 대신 잘게 부서진 흙만 위로 올라옵니다. 그렇게 곱게 부서진 흙에 물을 채우고 모내기를 합니다.

그러나 비가 오지 않고 가뭄이 들면 논바닥이 갈라집니다. 농사 짓기 위해 밭을 가꾸어도 부서지지 않은 흙과 자갈만 위로 올라옵니다. 그러면 농사를 제대로 지을 수가 없습니다. 물이 이렇게 중요합니다.

여러분, 예수님을 믿고 교회에 다닌다는 것은 무엇을 의미하는 것입니까? 예수 믿는 삶이란 하나님 말씀으로 은혜를 받는 것입니다. 말씀의 쟁기로 마음 밭을 갈아엎어야 못된 성격이 부서집니다. 죄악으로 굳어진 인간성도 다 은혜 아래 잠겨 부드러워집니다. 사람도 은혜를 받으면 잘게 부서집니다. 부드러운 흙처럼 됩니다. 그러니 은혜의 물에 다 잠기고 부서집시다. 고운 가루가 됩시다.

그렇게 부드러워지고 옥토가 되어야 말씀의 씨앗이 그 밭에 떨어질 때 싹이 나고 꽃이 피고 열매가 맺습니다. 보이지도 않을 만큼 작은 씨앗 속에 숨겨져 있던 크고 은밀한 것들이 드러납니다. 전에는 알 수 없었던 감추어진 것들을 드디어 볼 수 있게 되는 것입니다.

또한 고운 가루가 되고 부드러운 흙이 되어야 토기장이가 원하는 그릇으로 만들 수 있습니다. 단비와 같은 은혜를 경험하고 부드러운 진흙이 되어야 하나님이 우리를 처음 지으셨을 때 넣어주신 본래의 형상, 하나님의 형상, 수직형 인간성으로 회복될 수 있습니다.

그렇게 다시 빚어진 그릇들만이 주인의 목적에 합당하게 쓰임받을 수 있습니다. 하나님이 이루실 크고 은밀한 일들을 위해서 쓰임 받을 수 있습니다. 수직적 교회는 부드러운 흙을 만들어 주인이 쓰실 그릇을 만드는 토기장이의 집입니다.

다시 수직적 교회로

수직적 교회에서는 하나님의 말씀이 들립니다.
예수님이 주인이십니다.
수직적 교회에는 자존심이 없습니다.
오직 예수 믿는 자존감만 있을 뿐입니다.
이미 자아가 부서진 사람들이 섬기는 교회가
수직적 교회입니다.

보라,
내가 새 일을 행하리니

너희는 이전 일을 기억하지 말며

옛날 일을 생각하지 말라보라

내가 새 일을 행하리니 이제 나타낼 것이라

너희가 그것을 알지 못하겠느냐

반드시 내가 광야에 길을 사막에 강을 내리니

(이사야 43:18, 19)

다시 수직적 교회로

수평선 너머를 보는 믿음

1492년, 스페인의 탐험가 크리스토퍼 콜럼버스(Christopher Columbus, 1451-1506)가 신대륙 아메리카를 발견했습니다. 실로 엄청난 일을 해낸 것입니다. 지금부터 6백 년 전에는 모든 사람이 지구가 평평하다고 생각했습니다. 육지에서 멀리 끝까지 가면 낭떠러지로 떨어진다고 믿었습니다.

그런데 콜럼버스가 그 낭떠러지를 향해 나아갔습니다. 그것은 말 그대로 목숨을 건 모험이었습니다. 그 시대 사람들은 콜럼버스가 미쳤다고 조롱했습니다. 당시 콜럼버스는 일기장에 이런 글을 남겼다고 합니다.

사람들은 모두 나를 보고 비웃었습니다. 그러나 성령께서 내게 수평선 저 너머를 보게 하셨습니다. 위로와 용기를 주셨습니다. 나는 성령님께 순종하였습니다.

보이는 수평선이 끝이 아닙니다. 수평선 너머를 보는 것, 이것이 수직적 사고입니다. 콜럼버스 일행이 고국 스페인을 떠났습니다. 마치 아브라함이 고향 갈대아 우르를 떠난 것처럼 말입니다. 콜럼버스 일행이 망망대해로 나가 그들의 시야에서 고국 스페인이 완전히 사라지고 난 후에야 비로소 새로운 땅이 그들 앞에 나타났습니다. 미래에 주어질 축복의 땅은 과거와의 이별에서 시작되는 것입니다.

떠난 후에야 보이는 땅

여호와께서 아브람에게 이르시되

너는 너의 고향과 친척과 아버지의 집을 떠나

내가 네게 보여줄 땅으로 가라

(창세기 12:1)

하나님이 보여주실 복된 땅은 고향과 친척, 아버지 집을 떠난 후에야 비로소 보입니다. 우리가 고향과 친척, 아버지 집을 떠나면 죽을 것 같아도 오히려 그때 새로운 세계가 열리더라는 것입니다. 우리가 살아갈 복된 세계는 미래입니다. 과거가 아닙니다. 과거는 선조들이 살았던 시대이고, 우리의 시대는 미래입니다.

그러므로 과거의 시대에서 과감하게 떠나야 합니다. 과거의 사고방식, 과거의 죄의식, 후회와 열등감, 자만심에서 완전히 떠나야 합니다. 십자가의 보혈로 씻어내야 합니다. 성령의 불로 태워버려야 합니다.

닫힌 것도 기적이다

여러분, 이스라엘 백성들이 홍해를 가르고 건넌 것만 엄청난 기적일까요? 그렇지 않습니다. 그것 못지않게 중요한 사건이 있습니다. 그것은 바로 홍해를 닫은 것입니다. 이것이야말로 엄청난 사건입니다. 지긋지긋한 애굽의 노예 생활을 닫아버렸다는 의미가 있기 때문입니다.

홍해가 닫히고 추격해오던 애굽 군대가 물에 잠겨버린 것을 보면서 이스라엘 백성들은 과거의 애굽 생활을 그 물속에 수장시키고 떠내려 보내야 했습니다. 그러나 이스라엘 백성들은 실수합니다. 거듭해서 반복해서 실패합니다.

그들은 과거를 떠나보내지 못하고 걸핏하면 애굽에서의 생활을 회상하며 심지어 그 시절을 그리워하기까지 합니다. 우리도 마찬가지입니다. 과거를 떠나보내는 것은 쉽지 않습니다. 과거를 잊고 정리하는 것이 얼마나 어려운지 이스라엘 백성들의 모습을 보며 깨닫게 됩니다.

> 우리가 애굽에 있을 때에는
> 값없이 생선과 오이와 참외와 부추와 파와 마늘들을
> 먹은 것이 생각나거늘
> (민수기 11:5)

노예 신분으로 중노동하면서 먹었던 음식들을 맛있다고 회상하면서 현재 상황에 대해 불평합니다. 이것이 노예근성입니다. 우상을 섬겼던 이들이 회심하고 하나님께 돌아왔지만, 여전히 이전의 우상 숭배하던 습관에 머물러있는 것과 같습니다. 인간에게는 좋은 것이건, 나쁜 것이건 회귀적 본능이 있습니다. 다시 이전의 모습으로 되돌아가려는 본성입니다.

한국 기독교 역시 한국문화의 토양에서 싹이 트고 자라났습니다. 그래서 우리도 알지 못하는 사이에 유교적 관습과 불교문화, 샤머니즘적인 요소들이 우리 신앙 안에 섞여 있습니다. 그 요소들이 모두 잘못된 것은 아닙니다. 하나님을 사랑하고 그분을 온전히 예배하는데 유익한 부분도 있습니다.

그러나 그것들 때문에 참 하나님을 예배하고 복음에 합당한 삶을 사는 데 방해가 된다면 그런 습관이나 문화로부터 과감히 떠나야 합니다. 새 술은 새 부대에 담아야 하기 때문입니다.

모든 수치를 굴려 보내신 하나님

가나안에 들어가기 직전 이스라엘 백성들은 길갈에서 모두 할례를 받습니다. 할례는 이스라엘이 하늘 아버지의 백성이라는 표시입니다. 길갈이라는 지명은 원래 히브리어로 '겔갈'이라고 합니다. '겔'은 '똥'이란 뜻이고, '갈'은 '굴러가다'라는 뜻입니다. 그러니 길갈은 '똥이 굴러갔다'는 의미입니다.

이스라엘 백성들에게 애굽의 수치는 마치 똥과 같았습니다. 애굽에서 당한 수치는 모두가 역겨워하고, 피하고 싶어 하고, 싫어하는 배설물과 같았습니다. 이스라엘 백성들이 당한 애굽에서의 노예 살이가 하나님께는 모욕 거리였습니다.

그래서 하나님은 길갈에서 이스라엘 백성의 그 모든 수치를 똥처럼 굴려 보내셨습니다. 이제는 수치스러운 백성이 아닌 영광스러운 백성으로 삼으신 것입니다. 그리고 그 표시로 할례를 주셨습니다.

여호와께서 여호수아에게 이르시되

내가 오늘 애굽의 수치를 너희에게서 떠나가게 하였다 하셨으므로

그곳 이름을 오늘까지 길갈이라 하느니라

(여호수아 5:9)

이전 것은 지나갔으니!

이스라엘 백성들을 부르는 '히브리인'이라는 호칭은 사실 주변 민족들이 그들을 조롱하며 불렀던 말입니다. 이스라엘은 4백 년이나 애굽에서 노예 신분으로 살았습니다. 출애굽 이후 사십 년 동안도 광야에서 굴러다니는 쓰레기처럼 살았습니다.

하나님의 놀라운 기적을 가장 많이 경험한 사람들이었음에도 불구하고 그들은 하나님께 불순종했습니다. 그 모든 기적과 사랑의 체험을 자신들의 사건(their own events)으로 받아들이지 못했습니다. 마치 수평적 교회의 모습을 보는 듯합니다. 그러나 우리는 이 말씀

을 기억해야 합니다.

> 그런즉 누구든지 그리스도 안에 있으면 새로운 피조물이라
>
> 이전 것은 지나갔으니 보라 새것이 되었도다
>
> (고린도후서 5:17)

이전 것은 지나갔습니다. 우리는 마침표를 찍어야 합니다. 우리가 건너온 홍해를 다시 건너갈 수 없습니다. 하나님이 닫아버리셨기 때문입니다. 하나님이 닫으신 것을 왜 다시 열려고 합니까?

"보라 새것이 되었도다!"

여러분, 우리가 왜 자꾸 과거에 집착하게 됩니까? 미래가 보이지 않기 때문입니다. 왜 수평선 저 너머를 볼 수 없습니까? 가면 죽는다고 생각하기 때문입니다. 그런데 하나님은 우리에게 말씀하십니다. "보라!"

영의 눈, 수직적인 눈을 뜨고 보라고 하십니다.

> 보라 내가 새 일을 행하리니
>
> 이제 나타낼 것이라
>
> 너희가 그것을 알지 못하겠느냐

반드시 내가 광야에 길을 사막에 강을 내리니

(이사야 43:19)

기도하는 순간 응답은 시작된다

하나님의 응답은 우리가 기도할 때부터 시작됩니다. 요나를 보십시오. 그는 바다 한가운데 빠져 큰 물고기에게 먹혔습니다. 사흘 후에 물고기가 요나를 토해냈을 때 그 물고기는 요나를 해변으로 토해냈습니다.

만약 물고기가 요나를 바다 한가운데로 토해냈다면 어떻게 되었을까요? 요나는 오히려 죽었을 것입니다. 다시 말해, 물고기는 사흘 전부터 해변을 향해 헤엄쳐간 것입니다. 사흘 전에 요나가 물고기 배 속에서 기도했을 때, 하나님은 이미 그 기도에 응답하기 시작하셨던 것입니다.

우리가 기도할 때 하나님은 그 순간부터 당신의 일을 시작하십니다. 지금 여러분의 문제를 놓고 기도하고 있습니까? 그렇다면 하나님은 이미 여러분을 축복의 땅, 미래의 땅으로 인도하고 계십니다.

하나님이 움직이지 않으시는 것이 아니라, 우리에게 그것을 볼 수 있는 믿음의 눈이 없을 뿐입니다. 영의 눈, 수직적인 눈을 뜨면 그 일하시는 하나님이 보입니다. 그분이 만들고 준비하고 계시는 미래가 보입니다. 여러분에게 이제 과거는 끝났고 축복의 시간이 열리고 있습니다.

Part 2

길갈을 지나

omin Ryoung sook

담대하게 선포하는
복음

이튿날 관리들과 장로들과 서기관들이 예루살렘에 모였는데

대제사장 안나스와 가야바와 요한과 알렉산더와 및

대제사장의 문중이 다 참여하여 사도들을 가운데 세우고 묻되

너희가 무슨 권세와 누구의 이름으로 이 일을 행하였느냐

이에 베드로가 성령이 충만하여 이르되

백성의 관리들과 장로들아 만일 병자에게 행한

착한 일에 대하여 이 사람이 어떻게 구원을 받았느냐고

오늘 우리에게 질문한다면

너희와 모든 이스라엘 백성들은 알라

다시 수직적 교회로

너희가 십자가에 못 박고 하나님이 죽은 자 가운데서 살리신

나사렛 예수 그리스도의 이름으로

이 사람이 건강하게 되어 너희 앞에 섰느니라

이 예수는 너희 건축자들의 버린 돌로서

집 모퉁이의 머릿돌이 되었느니라

다른 이로써는 구원을 받을 수 없나니

천하 사람 중에 구원을 받을 만한 다른 이름을

우리에게 주신 일이 없음이라 하였더라

(사도행전 4:5-12)

다시 거룩한 교회로

2018년 대한예수교장로회 총회 표어가 '다시 거룩한 교회로'입니다. 원래 교회는 거룩한 곳입니다. 세상적이고 세속적인 곳과 구별된 곳입니다. 그런데 지금 한국 교회 현주소가 거룩하지 않다는 사실을 교단 총회가 진단한 것입니다. 그래서 '다시 거룩한 교회로' 돌아가자는 표어를 정했습니다.

우리 인간은 거룩할 수 없습니다. 오직 하나님만이 거룩하십니다. 그러므로 이 말은 하나님이 임재하셔야 교회가 거룩해진다는 뜻입니다. 사람은 피조물이기 때문에 이 세상에서 살면서 세상적일 수밖에 없습니다. 이것이 우리의 한계입니다. 그러나 우리 기독교 신

다시 수직적 교회로

앙이란 끊임없이 거룩한 것을 추구하는 삶입니다. 그것이 교회 생활입니다.

한 주간 동안 세상에 살면서 많이 흐트러지고 세속화된 나를 붙들어 거룩한 교회에 나아와 거룩을 추구하는 것입니다. 그런데 그 교회가 거룩하지 않고 교회마저 세속단체 같다면, 어디를 가도 거룩을 추구할 곳이 없습니다.

세상 나라와 하나님 나라

4세기의 교부 성 오거스틴은 "그리스도인은 하나님의 도성과 세속 도시, 두 나라에서 사는 존재이다"라고 말했습니다. 오거스틴의 말처럼 그리스도인은 하나님 나라와 세상 나라 사이에서 끊임없이 고뇌하고 투쟁하며 사는 존재입니다. 맞습니다. 하나님 나라는 수직적인 나라입니다.

세상 나라는 수평적인 나라입니다. 지금 제가 하나님 나라를 강조한다 해서 이 세상 나라를 무시하는 것이 아닙니다. 하나님 나라를 추구하고 하나님 나라를 살아야 이 세상 나라에서도 멋있게 승리하며 살 수 있다는 의미입니다.

우리는 늘 살기 좋은 세상을 꿈꾸며 삽니다. 그러나 타락한 인간에게 그곳은 잃어버린 낙원, 즉 실낙원일 뿐입니다. 그 낙원은 오직 하나님이 함께하실 때 회복됩니다. 하나님의 영광이 임할 때 회복됩니다. 그 하나님의 영광은 바로 수직적 교회를 통해서 임하는 것입니다.

옥토와 박토의 차이

여러분에게 부탁드립니다. 저는 수직적 교회에 관한 이 설교를 오래전부터 고뇌하고 묵상하면서 준비해왔습니다. 이 설교는 어떤 특정한, 지엽적인 대상을 향한 것이 아닙니다. 먼저는 우리 교회, 그리고 한국 교회를 대상으로 전하는 메시지입니다.

여러분 모두 이 설교를 집중하여 의미심장하게 듣고 받아들이시기 바랍니다. 아무리 좋은 메시지를 전해도 그 메시지가 들리지 않는 사람에게는 사탄이 주는 반감이 틈을 타고 들어오게 됩니다.

옥토와 박토의 차이가 무엇입니까? 옥토는 깊게 갈아엎은 토양입니다. 반면에 박토는 갈아엎지 않은 토양, 혹은 갈았다고 해도 표층만 갈아놓은 땅입니다. 저는 여러분의 심령이 박토가 아닌 옥토가 되기를 바랍니다. 옥토의 심령에서 울려 나오는 아멘과 함께 말씀의 역사가 일어나기를 바랍니다.

다시 수직적 교회로

여러분에게 진솔하게 묻습니다. 여러분의 담임목사가 어떤 목사이길 바라십니까? 어떤 설교자이길 바라십니까? 미적미적 망설이고 자신 없이 설교하는 목사를 원하십니까? 성도들의 눈치를 보면서, 신앙생활 잘못하는 사람들이 상처받을까 봐 말을 이리저리 돌리는 설교자를 원하십니까?

저는 오로지 성경의 메시지, 말씀의 내용에만 충실하려고 합니다. 성경에 나오는 말씀을 '담대하게' 증언하는 목사가 되고 싶습니다. 말씀 듣는 대상의 귀에 설교의 수준을 맞추는 것이 아니라, 성경에서 말하는 내용을 정확하고 확실하게 전하고자 합니다. 무엇보다 성경에 나오는 참 선지자들과 사도들은 '담대하게' 전했습니다. 수직적 교회의 목사가 전하는 설교의 특징은 '담대하게'입니다.

담대하게, 거리낌 없이

신약성경에는 '담대하게'라는 단어가 42회 등장합니다. 이 '담대하게'라는 단어는 '공공연하게, 거리낌 없이, 자신감 있게, 있는 그대로'로 번역할 수 있습니다. 여기서 우리가 오해하지 말아야 할 것은 담대한 증언이라고 해서 막무가내로 우기는 것을 말하지 않는다는 사실입니다. 그렇다고 해서 담대한 증언은 큰 소리로 고함치고 소리 지르는 것도 아닙니다.

담대함과 무례함은 동의어가 아닙니다. 광신도처럼 길거리에서 '예수 천당, 불신 지옥'을 외치며 무례하게 사람들을 윽박지르는 것을 담대한 증언이라고 할 수 없습니다. '담대함'은 반대하는 사람들 앞에서도 '분명하고 직접적으로' 말하는 것을 의미합니다. 그 이상도 그 이하도 아닙니다.

> 악인은 쫓아오는 자가 없어도 도망하나
>
> 의인은 사자 같이 담대하니라
>
> (잠언 28:1)

여러분은 그리스도의 담대한 군사입니까? 예수 그리스도를 나의 구세주요 인류의 구원자로 확신한다면, 예수 그리스도에 대하여 기어들어가는 목소리로 말하지 말고, 우리의 입술을 열어 담대히 선포해야 합니다.

> 사도들을 가운데 세우고 묻되
>
> 너희가 무슨 권세와 누구의 이름으로 이 일을 행하였느냐
>
> (사도행전 4:7)

유대교 종교 지도자들이 제자들을 위협하면서 묻습니다. 그러자 베드로는 부드러운 어조로 말하지 않았습니다. 어물어물하지 않았습니다. 엄중한 설교로 대응했습니다. 그 설교를 통해 베드로는 그들의 아픈 곳을 여덟 번이나 건드리며 책임을 물었습니다. 양심을 찔렀습니다. 베드로의 담대하고 명확한 설교는 오직 예수 그리스도에게만 구원이 있고, 그분을 통해서만 구원에 이를 수 있음을 선포합니다. 그의 결론을 보십시오. 이것이 수직적 설교입니다.

> 다른 이로써는 구원을 받을 수 없나니
>
> 천하 사람 중에 구원을 받을 만한 다른 이름을
>
> 우리에게 주신 일이 없음이라 하였더라
>
> (사도행전 4:12)

수직적 설교의 힘

수직적 설교의 꽃은 예수 그리스도 십자가입니다. 베드로는 수직적 설교의 꽃을 외쳤습니다. 불과 몇 주 전에 베드로는 예수님이 끌려가신 가야바의 뜰에서 여종이 무서워 사람들 앞에서 예수를 부인했던 사람이었습니다. 그런데 어떻게 이토록 담대하게 변했을까요?

하나님의 영, 수직적인 영, 성령의 임재가 있었기에 가능했습니다.

관리들과 장로들과 서기관들, 대제사장 안나스와 가야바와 요한과 알렉산더와 및 대제사장의 문중이 다 그를 둘러싸고 심문합니다. 그러나 그 위협적인 상황에서 베드로는 오히려 담대하게 말했습니다. 그가 불과 몇 마디만 했을 뿐인데도 그의 말은 고소인들을 궁지에 몰아넣었습니다.

여기서 우리가 눈여겨보아야 할 점이 있습니다. 이 장면에서 듣는 사람들이 무엇을 보고 놀랐는가 하는 것입니다. 그들이 놀란 것은 베드로가 전한 메시지 내용이 아니었습니다. 그가 행한 기적 때문도 아니었습니다. 그들은 베드로가 말하는 방식 때문에 놀랐습니다.

> 그들이 베드로와 요한이 담대하게 말함을 보고
>
> 그들을 본래 학문 없는 범인으로 알았다가 이상히 여기며
>
> 또 전에 예수와 함께 있던 줄도 알고
>
> (사도행전 4:13)

베드로와 요한이 담대하게 말하는 것을 보고 당황한 종교 지도자들은 일단 후퇴했습니다. 전략을 짜기 위해 잠시 후퇴한 것입니다. 그들은 이 사람을 어떻게 할까 모의한 끝에 베드로를 다시 불렀

다시 수직적 교회로

습니다. 그들은 예수의 이름으로 말하지도 말고, 가르치지도 말라고 협박했습니다. 그런데 어림도 없었습니다. 하나님과 세상 권력자 중에 누구에게 순종해야 하는가에 대해 베드로는 결코 고민하지 않았습니다.

베드로와 요한이 대답하여 이르되

하나님 앞에서 너희의 말을 듣는 것이

하나님의 말씀을 듣는 것보다 옳은가 판단하라

우리는 보고 들은 것을 말하지 아니할 수 없다

(사도행전 4:19, 20)

베드로와 요한의 태도는 분명하고 확실했습니다. 우리에게 그런 허튼소리 하려면, 아예 태양을 향해 그만 빛나라고 말하는 편이 낫다는 것입니다. 아예 지구를 향해 그만 돌라고 말하는 것과 같다는 표현입니다.

"우리는 보고 들은 것을 말하지 아니할 수 없다."

이것이 수직적 교회의 담대함입니다.

네 자리를 들고
걸어가라

예루살렘에 있는 양문 곁에

히브리 말로 베데스다라 하는 못이 있는데 거기 행각 다섯이 있고

그 안에 많은 병자, 맹인, 다리 저는 사람, 혈기 마른 사람들이 누워

〔물의 움직임을 기다리니

이는 천사가 가끔 못에 내려와 물을 움직이게 하는데

움직인 후에 먼저 들어가는 자는

어떤 병에 걸렸든지 낫게 됨이러라〕

거기 서른여덟 해 된 병자가 있더라

예수께서 그 누운 것을 보시고 병이 벌써 오래된 줄 아시고

이르시되 네가 낫고자 하느냐

다시 수직적 교회로

병자가 대답하되

주여 물이 움직일 때에 나를 못에 넣어 주는 사람이 없어

내가 가는 동안에 다른 사람이 먼저 내려가나이다

예수께서 이르시되

일어나 네 자리를 들고 걸어가라 하시니

그 사람이 곧 나아서 자리를 들고 걸어가니라

(요한복음 5:2-9)

시험에 들지 않게 깨어 기도하라

사람은 영혼이 평안해야 삽니다. 하나님이 주시는 평화인 샬롬이 있어야 사는 존재가 인간입니다. 이 땅에 문제없는 사람은 없습니다. 살아있는 사람은 누구나 크고 작은 문제들 속에서 살아갑니다. 따라서 누구든지 그 문제들 속에 파묻혀 살지 않고 그 문제의 숲에서 빠져나와 그 문제를 풀어가며, 즐기면서 살기를 원합니다.

그런데 죽을 때까지 문제의 수렁에 파묻혀 살다가 생을 마감하는 사람도 있습니다. 우리 그리스도인들은 예배를 통하여 힘들고 성가신 문제들, 해결하기 어려운 삶의 문제 속에서 빠져나와 해결 받는 존재들입니다.

다시 수직적 교회로

시험에 들지 않게 깨어 기도하라

마음에는 원이로되 육신이 약하도다

(마태복음 26:41)

예수님은 겟세마네 동산에서 제자들에게 "시험에 들지 않게 깨어 기도하라"고 부탁하셨습니다. 이 땅에서 육신을 입고 사는 한 우리는 육신의 소욕으로부터 자유로울 수 없습니다. 그래서 예수님의 말씀처럼 사람들은 마음은 원이로되 육신이 약하여 시험에 빠집니다.

그러므로 우리는 하나님께 잡혀 있어야만 살 수 있습니다. 하나님께 잡혀 있으려면 우리는 기도해야 합니다. 우리의 마음과 영혼이 수직적인 영원의 하나님을 바라보아야 합니다.

하나님의 임재를 경험하라

과거 이스라엘 백성들은 수평적인 세상에 살면서 어떻게 하나님의 임재를 경험했을까요? 구약 시대에는 성막과 성전 안에서 제사장을 통해 하나님을 만났습니다. 하지만 신약 시대에는 하나님이 직접 사람들 가운데 오셨습니다.

그분이 바로 예수님입니다. 예수님을 통해 우리는 하나님을 만날 수 있습니다. 예수님이 십자가에 못 박혀 죽으시고 사흘 만에 부활하여 승천하신 후, 성령과 진리로 하나님을 예배하는 공동체가 교회입니다. 교회를 통해서 우리는 하나님의 임재를 경험하는 것입니다.

제자들 가운데에는 주님의 부활하신 몸을 자신의 눈으로 보고도 제대로 믿지 못한 이들이 있었습니다. 예수님은 의심하는 도마를 향해 "네가 나를 만져보고 믿느냐? 보지 않고 믿는 자가 복이 있다"고 말했습니다. 이것은 삼차원과 사차원의 문제입니다. 그리스도인은 삼차원적 세상에 사는 존재이지만 끊임없이 사차원의 세계를 경험합니다. 교회를 통해서 영과 진리로 예배하며 사차원을 경험합니다.

수평적 시각 vs 수직적 시각

오늘 본문 말씀은 우리에게 수평적 시각과 수직적 시각의 차이를 알려줍니다. 예수님은 베데스다 연못가에 앉아있는 아픈 사람을 찾아가 만나셨습니다. 안타깝게도 이 환자는 믿음의 대상을 잘못 찾았습니다. 그는 연못의 물이 움직일 때 재빨리 연못에 들어가면 병이 낫는다고 믿었습니다. 이런 믿음은 엉터리입니다. 전설과 뜬소문을 믿은 것입니다.

다시 수직적 교회로

그 안에 많은 병자, 맹인, 다리 저는 사람, 혈기 마른 사람들이 누워

[물의 움직임을 기다리니

이는 천사가 가끔 못에 내려와 물을 움직이게 하는데

움직인 후에 먼저 들어가는 자는 어떤 병에 걸렸든지 낫게 됨이러라]

(요한복음 5:3, 4)

그런데 이보다 더 큰 문제가 발견됩니다. 물을 움직이게 만들려는 시도들입니다. 실제로 그렇게 하는 사람들이 있었습니다. 이것은 수직적인 하나님의 역사가 아니라 수평적인 사람의 방법입니다. 오늘날 교회 안에도 이처럼 세상적인 이론과 수단, 마케팅 방법을 동원하여 사람들의 관심을 끌기 위한 이벤트들이 가득합니다. 정말 안타깝고 불행한 일입니다.

여러분, 물을 움직이게 하시는 분은 따로 있습니다. 예수 그리스도만이 물을 움직이게 하십니다. 사람들이 물결을 조작하면 안 됩니다. 이런 모습을 보고 세상이 교회를 비웃습니다. 우리는 이 모습을 보며 슬퍼해야 합니다. 결국 물결을 조작하는 사람들 때문에, 물결을 움직이게 하시는 예수 그리스도를 믿지 못하게 되기 때문입니다.

연못가에 모인 사람들

예수께서 그 누운 것을 보시고 병이 벌써 오래된 줄 아시고 이르시되

네가 낫고자 하느냐 병자가 대답하되 주여 물이 움직일 때에

나를 못에 넣어 주는 사람이 없어

내가 가는 동안에 다른 사람이 먼저 내려가나이다

(요한복음 5:6, 7)

예수님이 38년 된 환자에게 묻습니다. "네가 낫고자 하느냐?" 그 환자의 대답을 보세요. "내가 가는 동안에 다른 사람이 먼저 내려가나이다." 지금 이 환자는 기가 막힌 사연을 털어놓습니다. 그는 38년 동안 다른 사람들과의 경쟁에서 한 번도 이겨 보지 못한 사람입니다. 밀리고 또 밀려서 여기까지 왔습니다. 그렇게 그의 인생은 베데스다 연못까지 밀려왔습니다. 그리고 그 연못 가에는 그와 비슷한 사람들이 많이 있습니다.

그 안에 많은 병자, 맹인, 다리 저는 사람, 혈기 마른 사람들이 누워

[물의 움직임을 기다리니]

(요한복음 5:3)

다시 수직적 교회로

각종 불치병으로 고통당하는 이들, 맹인과 다리를 저는 사람, 중풍과 신체 마비로 고통당하는 이들이 연못가에 모여 있습니다. 이들은 이 세상의 수평적인 삶에서 밀려난 사람들입니다. 인생의 막장에서 행여라도 물이 움직여서 기적적인 일이 일어날까 기대하며, 일말의 희망을 붙잡고 모인 사람들입니다.

네 자리를 들고 걸어가라

그런데 거기에 가려 정작 물을 움직이게 하시는 분이신 예수 그리스도를 보지 못합니다. 이것이 바로 수평적 교회의 모습입니다. 중세 시대 말 로마가톨릭 교회의 모습입니다. 아니, 지금 우리 한국 교회의 비참한 모습입니다.

그러나 수직적 교회에서는 지금도 기적이 일어납니다. 불치병이 치유됩니다. 초자연적인 일이 일어납니다. 물을 움직이게 하시는 분을 믿어야 기적이 일어납니다. 오직 그분을 바라보아야 구원을 받습니다.

예수께서 이르시되 일어나 네 자리를 들고 걸어가라 하시니

(요한복음 5:8)

베데스다 연못가에 수직적인 기적이 일어났습니다. 38년 동안 그곳에 자리를 펴고 누워있던 환자가 병을 나은 것도 기적이지만 그가 자신이 누웠던 자리를 들고 일어나 걸어갔으니 더 큰 기적입니다. 여러분, 일어나십시오. 포기하지 마십시오. 여러분의 자리를 들고 현 상황을 박차고 일어나 걸어가십시오. 예수 그리스도의 말씀을 믿으십시오.

안식일인데 … 옳지 아니하니라

예수님 주변에는 항상 예수님을 따라다니며 괴롭힌 사람들이 있었습니다. 그들은 언제나 자신들이 가진 수평적 시각으로 트집을 잡았습니다.

> 유대인들이 병 나은 사람에게 이르되
> 안식일인데 네가 자리를 들고 가는 것이 옳지 아니하니라
> (요한복음 5:10)

지금 기적이 일어나고 있는데, 구원의 역사가 일어나고 있는데, 청년들이 선교지 땅끝으로 가려고 준비하는데, '안식일'을 따집니

다시 수직적 교회로

다. 옳지 않다고 트집을 잡습니다. 그러면 뭐가 옳은 겁니까? '안식일'을 지키다가 아파서 죽는 것이 옳습니까?

수직적 교회가 경계해야 할 첫 번째 상대는 바로 이런 수평적인 시각을 추구하고 끊임없이 요구하는 사람들입니다. 이들은 틈만 나면 교회공동체를 향해서 세상적인 방법론과 가치관, 윤리적인 잣대를 들이댑니다.

장로회신학대학교에서 총장으로 섬기셨던 김중은 박사님이 이런 말씀을 했습니다. "지금 우리가 사는 이 시대는 거대한 세속화의 폭풍이 몰아치고 있는 영적 전쟁의 시대이다." 그리고 부탁했습니다. "그러나 그렇다고 낙심하거나 좌절하지 말아야 한다. 교회를 포기해서는 안 된다."

지금 공중에서는 영적 전쟁이 벌어지고 있습니다. 우리의 원수 사탄은 수평적 교회들을 보며 안심합니다. 수평적 교회를 보면서 흐뭇해합니다. 굳이 나가서 싸울 필요도 없습니다. 교회가 스스로 세상적인 것에 푹 빠져 있으니, 어둠의 왕국에 아무런 위협이 되지 못합니다. 가만두어도 스스로 망할 것이기 때문입니다.

스텔스 마귀의 도전

영적 스텔스(stealth)에 대해서 들어보셨습니까? 스텔스는 현대 전에서 최첨단 무기에 적용되는 기술입니다. 전투기나 폭격기 같은 항공기가 적의 레이더에 포착되지 않고 은밀하게 적지에 잠입하여 공격할 수 있게 해주는 기술입니다.

흔히들 현대의 마귀를 가리켜 스텔스 같다고 말합니다. 이들은 교회와 하나님 사이에서 영적 교란 작전을 스텔스처럼 펼칩니다. 자신들의 정체를 철저히 숨기고서 하나님과 교회 사이의 영적 교신을 끊고 있습니다.

이들은 특히 목사들을 공격합니다. 성도들을 부추겨 목사를 공격하게 합니다. 세상보다 오히려 교회가 이런 스텔스 공격에 더 열을 올립니다. 여러분의 손으로 세운 영적 지도자를 보호해주세요. 나무에 올라가라 해놓고 그 아래에서 흔들어 대면 떨어지지 않을 사람이 있겠습니까?

폭풍 속으로 들어가라

무학교회 김창근 목사님이 이런 말씀을 하신 것이 기억납니다.

"한국 교회에 불어 닥친 폭풍을 피할 수 없습니다. 피하려고 우왕좌왕하면 피해가 더 커집니다. 오히려 폭풍 속으로 들어가야 합니다. 그리고 그 폭풍의 중심에서 하나님만 바라보아야 합니다. 그러면 폭풍이 순풍으로 바뀝니다."

이것이 바로 수직적 교회의 믿음이요 희망입니다. 수평선을 바라보면 이 땅의 끝이 곧 하늘임을 알게 됩니다. 이 땅에서 우리는 수평선 위에서 삽니다. 그러나 하늘을 갈망하는 자는 수평선 너머에 계시는 하나님을 바라봅니다.

"예수께서 이르시되 일어나 네 자리를 들고 걸어가라"

이제 일어나 걸어가십시오. 절망적인 삶의 자리, 실패와 낙담의 자리에서 일어나 걸어가십시오. 비록 수평선에 서 있지만 매 순간 수직적인 생각을 하십시오. 그리스도와 함께 살아가는 여러분을 아무도 막지 못합니다. 힘차게 일어나 걸어가십시오.

복음의 권위를
회복하라

칠십 인이 기뻐하며 돌아와 이르되

주여 주의 이름이면 귀신들도 우리에게 항복하더이다

예수께서 이르시되

사탄이 하늘로부터 번개 같이 떨어지는 것을 내가 보았노라

내가 너희에게 뱀과 전갈을 밟으며

원수의 모든 능력을 제어할 권능을 주었으니

너희를 해칠 자가 결코 없으리라

그러나 귀신들이 너희에게 항복하는 것으로 기뻐하지 말고

너희 이름이 하늘에 기록된 것으로 기뻐하라 하시니라

(누가복음 10:17-20)

다시 수직적 교회로

말씀이 사라진 유럽 교회

오늘날 수많은 교회가 어떻게 해야 하나님이 더 좋아하실까보다는 어떻게 하면 사람들이 불쾌해하지 않을까에 신경을 쓰고 있습니다. 이것이 수평적 교회의 대표적 특징입니다. 사람들의 느낌이나 기분에 민감하고 거기에 신경을 쏟다 보면, 자연히 하나님의 말씀은 희석될 수밖에 없습니다.

분명히 말씀드립니다. 하나님은 당신의 말씀을 믿음 없는 사람들의 입맛에 맞추어 전하는 것을 결코 기뻐하지 않으십니다. 회중의 귀에 거슬리지 않으려고 애쓰면 애쓸수록 하나님의 귀에 거슬릴 수밖에 없습니다.

제가 프랑스 유학 중에 조그마한 도시에 있는 교회당을 방문한 적이 있습니다. 교회당이 너무나 적막하고 자물쇠로 잠겨진 문들이 많았습니다. 한때 수많은 인파가 몰려온 흔적이 여기저기에 있었습니다. 삼사천 평 규모의 대지와 여러 층짜리 웅장한 석조 건물이 이 것을 증명하고 있었습니다.

목사인 저의 마음은 괴로웠습니다. 그리고 왜 이렇게 되어야 했을까 생각했습니다. 제가 내린 결론은 이 상황은 틀림없이 이 교회의 강단에서 하나님의 말씀이 사라지면서 생겨난 결과라는 것이었습니다. 하나님의 말씀이 강단에서 권세 있게 외쳐지지 않으면 사람들은 얼마 지나지 않아 그 교회를 떠나게 되어 있습니다.

케뤼그마가 살아 있는 교회

하나님의 말씀은 메신저(케뤼소, κηρύσσω)보다 선포된 메시지(케뤼그마, κήρυγμα)가 더 중요합니다. 선포자보다 선포의 방식과 그 내용이 중요하다는 것입니다. 신약성경에서 참된 설교자는 예수 그리스도 자신입니다.

따라서 메신저인 사도와 목사는 단지 그분의 대변인에 불과합니다. 대변인은 오직 전하기만 하면 됩니다. "예수님이 이르시되" 하

다시 수직적 교회로

면 족합니다. 선포만 하면 됩니다. "하나님이 말씀하시기를" 하면 족합니다.

복음적인 교회는 '케뤼그마'가 살아있는 교회입니다. 하나님의 말씀이 강단에서 흘러 내려가는 교회에만 하나님이 임재하십니다. 따라서 설교의 핵심은 설교하는 사람이나 설교하는 장소가 아닙니다. 바로 케뤼그마입니다. 수직적 교회는 케뤼그마, 즉 복음의 메시지가 권세 있게 선포되는 교회입니다.

청중들이 놀란 이유

설교학에서 가르치기를, 권위 있게 전하지 않으면 설교가 아니라고 합니다. 사람들이 예수 그리스도의 설교를 들으면서 가장 두드러지게 보였던 반응이 무엇입니까? 그것은 놀라움이었습니다. 그런데 사람들이 놀란 이유는 예수님의 지성이나 감성, 사랑 때문이 아니었습니다.

> 다 놀라 서로 물어 이르되 이는 어찜이냐 권위 있는 새 교훈이로다
>
> 더러운 귀신들에게 명한즉 순종하는도다 하더라
>
> (마가복음 1:27)

그 말씀의 권위에 놀란 것입니다. 귀신도 순종하는 권세가 예수님의 말씀 속에 있었습니다.

> 그들이 그 가르치심에 놀라니
>
> 이는 그 말씀이 권위가 있음이러라
>
> (누가복음 4:32)

예수님의 설교를 들었던 유대인 청중들은 그가 가르치시는 말씀의 권위에 놀랐습니다. 그 말씀을 전하는 분에 대해 놀란 것이 아니라, 말씀 자체의 권위에 놀랐던 것입니다.

> 뭇사람이 그의 교훈에 놀라니
>
> 이는 그가 가르치시는 것이 권위 있는 자와 같고
>
> 서기관들과 같지 아니함일러라
>
> (마가복음 1:22)

설교가 이와 같습니다. 설교는 "하나님이 말씀하시되"의 권위로 선포합니다. 구약 시대의 사람들은 하나님이 선지자에게 말씀을 주실 때까지 기다려야 했습니다. 그러나 신약 시대 이후에는 성경의 메시지가 선포될 때마다 성령의 감동으로 하나님의 권위가 흘러갑니다.

변증이 아닌 선포를 하라

변증과 선포는 다릅니다. 예로부터 수평적 교회는 복음을 변증하고 변명하는 데 많은 시간을 보냈습니다. 그러나 설교는 하나님 말씀을 선포하는 것이지 변증이 아닙니다. 따라서 수직적 교회는 권위 있게 하나님의 말씀을 선포합니다.

> 내가 복음을 부끄러워하지 아니하노니
>
> 이 복음은 모든 믿는 자에게 구원을 주시는
>
> 하나님의 능력이 됨이라
>
> (로마서 1:16)

복음은 모든 믿는 자들에게 구원을 주시는 하나님의 능력입니다. 헬라인이나 로마인이나 야만인이나 차별이 없습니다. 가난한 자나 부한 자, 지식이 많은 자나 배우지 못한 자, 남녀노소의 구별이 없습니다. 누구에게든지 선포되면 그 복음은 그에게 하나님의 능력으로 나타나게 됩니다.

그러므로 만약 복음을 변증하는 데에만 시간을 허비했다면 그 설교자는 회개해야 합니다. 복음은 절대로 얼버무리거나 포장하지 않습니다. 복음은 결코 복잡하지 않습니다. 따라서 복음을 변명하지 않고 하나님의 권위로 선포하기만 하면, 그곳에 하나님의 능력이 나타납니다. 기적이 일어납니다. 치유가 일어납니다. 회복이 일어납니다. 그러나 복음을 변증할 때는 아무 일도 일어나지 않습니다.

1903년 여름에 원산에서 부흥회가 열렸습니다. 한국 교회 대부흥 운동의 시작입니다. 선교사 하디는 일주일 동안 똑같은 말씀을 전했습니다. 그런데 전할 때마다 말씀의 능력이 나타났습니다. 똑같은 메시지를 선포하는데 회개와 자복이 일어난 것입니다. 이것이 말씀의 권세입니다.

그동안 한국 교회는 말씀의 권세를 힘입어 부흥하고, 또 부흥했습니다. 그러나 언젠가부터 수평적 교회가 나타나면서 말씀의 권세가 사라지기 시작했습니다. 그와 동시에 세속화의 바람이 교회에 불어닥쳤습니다.

다시 수직적 교회로

수직적 설교가 그리운 시대

지금은 설교의 홍수 시대라고 합니다. 라디오로, 텔레비전으로, 여러 기독교 채널에서 하루에도 수십 편의 설교가 쏟아져 나옵니다. 유튜브를 통해서 사람들은 쇼핑하듯 설교를 골라 듣습니다. 그런데 물은 많은데 생수가 없는 것이 문제입니다.

그러니 좋은 설교, 복음의 권위와 능력이 살아 있는 수직적 설교를 들어야 합니다. 그런 설교는 반복해서 들어도 좋습니다. 여러분에게 저 자신의 부끄러운 과거를 고백합니다. 저는 과거 한때 저 자신을 드러내는 설교를 했던 적이 있습니다. 당시 저는 그 설교를 하면서 저 자신이 초라해지는 것을 느꼈습니다. 그리고 그때부터 설교가 지겨워지기 시작했습니다.

저는 점차 마음은 담지 않고 입술만 움직이는 설교자로 전락해 갔습니다. 저는 실패한 설교자였습니다. 그리고 뇌출혈로 쓰러졌습니다. 그때 저는 하나님 앞에 자복했습니다. 회개하고 또 회개했습니다. 하나님 앞에서 눈물로 결단하며 수직적 설교만 하겠다고 약속했습니다.

이후부터 저의 설교는 서서히 탈바꿈하기 시작했습니다. 혹시 당시 제가 선포한 〈땅끝의 아침〉, 〈털갈이〉란 제목의 설교를 기억하십니까? 그 두 편의 설교*는 제 설교 사역의 전환점이 되었습니다. 그때부터 저는 철저히 수직적 설교자가 되기 위해 기도하며 나아갔습니다.

한국 교회의 살길

여러분들이 어떻게 받아들이실지 모르지만, 이것만이 우리 한국 교회가 살길입니다.

칠십 인이 기뻐하며 돌아와 이르되

주여 주의 이름이면 귀신들도 우리에게 항복하더이다

예수께서 이르시되

사탄이 하늘로부터 번개 같이 떨어지는 것을 내가 보았노라

내가 너희에게 뱀과 전갈을 밟으며

원수의 모든 능력을 제어할 권능을 주었으니

너희를 해칠 자가 결코 없으리라

그러나 귀신들이 너희에게 항복하는 것으로 기뻐하지 말고

* 저자가 두 차례 쓰러져 죽음의 문턱을 넘나들던 상태에서 회복된 후 서림교회 강단에서 선포한 고백적인 설교이다.

다시 수직적 교회로

너희 이름이 하늘에 기록된 것으로 기뻐하라 하시니라

(누가복음 10:17-20)

예수님이 파송한 칠십 인의 전도자들이 돌아와서 보고하는 장면입니다. 여기서 무엇을 볼 수 있습니까? 바로 복음의 권세입니다. 제자들이 보고한 내용이 한결같이 말씀의 권세입니다. 이 권세가 여기 이 강단에 있기를 바랍니다. 저는 우리 서림의 강단에서 언제나 예수 이름이 높여지고 십자가의 보혈이 흘러가길 바랍니다.

동시에 우리 한국 교회의 강단에서 선포되는 복음, 권세 있는 말씀으로 말미암아 이 나라 대한민국과 세계 열방 가운데 놀라운 하나님의 구원의 역사가 일어나길 소원합니다. 이 땅의 모든 교회가 메신저가 아니라 메시지가 울려 퍼지는 교회가 되길 바랍니다. 메신저는 감추어지고 메시지가 드러나는 교회가 되길 바랍니다. 이것이 우리 한국 교회가 다시 살아날 수 있는 유일한 길입니다.

미움받을
각오

우리는 구원 받는 자들에게나 망하는 자들에게나

하나님 앞에서 그리스도의 향기니

이 사람에게는 사망으로부터 사망에 이르는 냄새요

저 사람에게는 생명으로부터 생명에 이르는 냄새라

누가 이 일을 감당하리요

우리는 수많은 사람들처럼

하나님의 말씀을 혼잡하게 하지 아니하고

곧 순전함으로 하나님께 받은 것 같이

하나님 앞에서와 그리스도 안에서 말하노라

(고린도후서 2:15-17)

다시 수직적 교회로

내게 장사꾼이 되라고 하지 말라

16세기 말 루터로부터 시작된 종교개혁이 일어나기 전에 종교개혁의 분위기에 결정적인 영향을 준 사람이 있습니다. 그는 보헤미아의 얀 후스(Jan Hus, 1372-1415)입니다.

후스는 오늘날 체코와 헝가리 지역에서 빈농의 아들로 태어났습니다. 좋은 사제를 만나 공부의 기회를 얻은 그는 명문 프라하 대학교의 신학부를 졸업하고 그 대학의 교수까지 됩니다. 프라하 베들레헴 성당의 주임사제가 된 그의 설교는 민중들의 마음을 사로잡았습니다. 독일과의 철학 논쟁에서 이긴 그는 젊은 나이에 총장의 자리에 오릅니다.

그런데 당시 보헤미아에서 금지되었던 존 위클리프의 개혁 사상에 강하게 공명한 후스는 면죄부 판매와 교회의 세속화를 맹렬하게 비난합니다. 금지된 개혁 정신을 강의하는 그에게 주변에서는 미쳤다고 조롱했습니다. 프라하 대주교와 로마 교회의 호출을 당했을 때, 후스가 남긴 유명한 말이 있습니다.

"나에게 교황의 심기를 건드리지 말라고 강요한다면, 그것은 나에게 하나님의 말씀을 혼잡하게 하는 장사꾼이 되라고 하는 것과 같습니다."

결국 후스는 콘스탄츠 공의회에 소환되어 체포되고 법정에 섭니다. 주장을 포기하라는 압박에 불복한 그는 1414년 7월 프라하 광장에서 화형을 당합니다. 그의 유골은 한 줌의 재가 되어 유언에 따라 라인강에 뿌려집니다.

얀 후스는 죽었으나 죽은 것이 아니었습니다. 훗날 그는 체코인의 민족적 영웅이요, 정신적인 지주가 됩니다. 또한 그의 수직적 사상은 종교개혁으로 꽃을 피웁니다. 수평적 종교쟁이들이 그를 죽였으나 그의 수직적 양심은 죽지 않고 지금도 우리와 함께 살아있습니다.

다시 수직적 교회로

미움받을 각오

우리는 구원받는 자들에게나 망하는 자들에게나

하나님 앞에서 그리스도의 향기니

이 사람에게는 사망으로부터 사망에 이르는 냄새요

저 사람에게는 생명으로부터 생명에 이르는 냄새라

누가 이 일을 감당하리요

(고린도후서 2:15, 16)

바울 사도는 우리가 두 가지를 다 가질 수는 없다고 말합니다. 복음의 증인으로서 하나님의 쓰임 받기 위해서는 별수 없습니다. 복음을 모르는 사람들에게는 역겨운 냄새를 풍길 수밖에 없습니다. 망하는 자들은 예수 그리스도를 죽음의 냄새처럼 싫어합니다.

기독교가 왜 이렇게까지 뉴스의 화젯거리가 될까요? 기독교는 좋은 일을 제일 많이 하면서도 또한 가장 많은 욕을 먹습니다. 불교나 천주교 측이 동성애를 반대하여 욕먹습니까?

그런데 기독교만 반대의 목소리를 높이며 욕을 먹습니다. 영적인 전쟁입니다. 이 세상에서 멸망하는 자들은 예수 그리스도를 미워합니다. 그들에게 그리스도와 그리스도인은 악취일 뿐입니다. 그러므로 수직적 교회는 세상의 미움 받는 것을 피할 수 없습니다. 멸망하는 사람들에게 인정받고 싶어 한다면 그것은 교회가 아닙니다. 참 그리스도인, 곧 수직적 신앙을 추구하는 이들은 '미움받을 각오'를 해야 합니다. 박해받고 돌 맞을 준비를 해야 합니다.

이미 중세 말, 수평적 교회가 자리 잡고 있던 그 틀에서 수직적 영성의 소유자였던 보헤미아의 후스는 부딪칠 수밖에 없었습니다. 부딪히지 않으려면 자신의 주장을 철회하고 세상적으로, 수평적으로 살면 됩니다. 그런데 그는 수평적인 삶을 포기하고 수직적인 신앙을 선택했습니다.

박해를 감수하라

사도들은 그 이름을 위하여

능욕 받는 일에 합당한 자로 여기심을 기뻐하면서

공회 앞을 떠나니라

(사도행전 5:41)

여러분, 수직적 교회가 가장 원하는 것이 무엇일까요? 그것은 하나님의 영광이요, 하나님의 임재입니다. 십자가와 부활과 재림을 담대히 전하다가 그 대가로 세상의 비난을 받아야 한다면 그것쯤은 얼마든지 감수해야 합니다. 복음 전하다가 박해받는 것을 두려워하지 말고 당연하게 여깁시다. 세상에서 멸망 받을 사람들에게 환영받으려 하지 말고, 미움을 받더라도 담대하시기 바랍니다.

우리는 수많은 사람들처럼 하나님의 말씀을 혼잡하게 하지 아니하고

곧 순전함으로 하나님께 받은 것 같이

하나님 앞에서와 그리스도 안에서 말하노라

(고린도후서 2:17)

하나님의 말씀을 혼잡하게 하지 않는다는 말씀은 장사꾼으로 전락하지 않겠다는 의미입니다. 우리가 아차 하면 이런 실수를 합니다. 사람들이 좋아하지 않으면 어떻게 할까 염려합니다. 그래서 오프라 윈프리 같은 유명 토크쇼 사회자의 언변과 제스처를 모방합니다.

만약 저의 목표가 장로님들, 권사님들, 집사님들에게 인기 관리하면서 편하게 목회하는 것이라면, 저는 복음을 파는 장사꾼의 한 사람일 것입니다. 책임질 일은 절대 안 하고 미꾸라지처럼 빠져나가겠지요. 계속해서 수평적인 방법을 동원해 선배들보다 더 좋은 대접을 받으려 하겠지요.

목사가 미워질 때

여러분에게 진솔하게 질문을 드립니다. 목사가 미워질 때 있으시지요? 무엇 때문일까요? 교회 항존직 선거에 떨어져서요? 애경사에 찾아오지 않아서요? 건축하는 일 때문에요? 그럴 수 있어요. 세상에서 멸망하는 사람들이라면 그런 이유로 미워할 수 있습니다.

그러나 여러분은 목사를 미워하면 안 됩니다. 나무에 올라가라 해놓고 흔들어도 안 됩니다. 목사 혼자 항존직을 정하는 것도 아니고, 목사 혼자 교회 짓는 것도 아닙니다.

하나님은 바울 사도를 통해 에베소서 4장 27절에서 "마귀에게 틈을 주지 마라" 했습니다. 마귀는 귀신처럼 틈을 알고 들어옵니다. 미워하는 틈을 타고 들어옵니다. 성도가 목사와 틈이 생기면 신앙생활이 엉망이 됩니다.

현대판 마귀는 스텔스(stealth) 기술을 사용합니다. 스텔스는 최첨단 무기로 상대 레이더에 포착되지 않는 기술입니다. 귀신은 귀신처럼 은폐하고 공격해 들어옵니다. 하나님과 교회 사이를 영적으로 교란하고, 우리와 하나님 사이의 영적 교신이 끊어지도록 합니다.

면도날로 베어내듯이

윌리엄 오컴(William of Ockham, 1285-1349)의 '면도날 이론'*을 아십니까? 14세기 영국의 논리학자이자 프란체스코수도회 수도사였던 윌리엄 오컴은 이렇게 말했습니다. "불필요한 것을 없애라. 면도날로 베어내듯이 없애라."

중세 철학자들과 신학자들의 복잡하고 광범위한 논쟁 속에서 오컴은 무의미한 진술들을 토론에서 배제시켜야겠다고 결심합니다. 그는 지나친 논리의 비약이나 불필요한 전제를 진술에서 잘라내는 면도날을 토론에 도입하자고 제안합니다. 즉 가정은 가능한 적어야 하며, 피할 수만 있다면 절대로 하지 말아야 한다는 것입니다. 한 마디로 설명은 간단할수록 좋다는 말입니다.

단순하고 알기 쉬운 이론이 올바르다는 그의 주장을 후대인들은 '오컴의 면도날'(Ockham's Razor)로 기억합니다. 사탄은 항상 복잡하고 불필요한 것을 제공합니다. 불필요한 가설과 추측과 억측을 타

---

* "많은 것들을 필요 없이 가정해서는 안 된다."
  (Pluralitas non est ponenda sine neccesitate.)
  "더 적은 수의 논리로 설명이 가능한 경우, 많은 수의 논리를 세우지 말라."
  (Frustra fit per plura quod potest fieri per pauciora.)

고 활동하는 것이 사탄입니다.

서림교회는, 그리고 우리 한국 교회는 지금 14세기 한 수도사가 외친 '오컴의 면도날 이론'이 필요한 때입니다. 많은 대답, 장황한 설명이 필요 없습니다. 군더더기 없는 가장 간단한 답이 필요합니다. 그것은 바로 하나님 말씀에 순종하는 것입니다. 수직적 영성으로 수평적인 것까지 꿰뚫어야 합니다.

다시 수직적 교회로

Part 3

가
나
안
으
로

하나님의 수를
보라

하나님이여

주의 생각이 내게 어찌 그리 보배로우신지요

그 수가 어찌 그리 많은지요

내가 세려고 할지라도 그 수가 모래보다 많도소이다

내가 깰 때에도 여전히 주와 함께 있나이다

(시편 139:17, 18)

다시 수직적 교회로

다른 문을 여시는 하나님

프랑스의 한 염색 공장에서 일하던 어느 여성이 실수로 기름을 엎었습니다. 그 여성은 값비싼 탁자보를 못 쓰게 된 줄로 생각하여 당황했습니다. 그런데 그 실수가 곧 위대한 발견으로 이어졌습니다. 바로 새로운 세탁법인 드라이클리닝의 발견이었습니다.

우리가 살다 보면 이럴 때가 있습니다. 어떤 실수나 실패는 오히려 잘한 일이 되기도 합니다. 내가 지금 열려고 했던 문이 열리지 않아서 답답했는데 나중에 또 다른 문을 열고 들어가 보니 처음 들어가려 했던 곳보다 더 좋습니다. 지난번에 문이 열렸더라면 큰일 날 뻔했습니다.

우리 나름대로 열심히 산다고 살았지만, 간혹 엎어질 때가 있습니다. 간혹 망칠 때가 있습니다. 그러나 내가 볼 때 망친 것이지, 하나님의 수는 남아있습니다. 하나님은 하나의 문을 닫으시고 또 다른 문을 열게 하십니다. 이것이 하나님의 수, 수직적인 수입니다.

> 하나님이여 주의 생각이 내게 어찌 그리 보배로우신지요
>
> 그 수가 어찌 그리 많은지요
>
> 내가 세려고 할지라도 그 수가 모래보다 많도소이다
>
> 내가 깰 때에도 여전히 주와 함께 있나이다
>
> (시편 139:17, 18)

인간의 수 vs 하나님의 수

오늘 말씀에는 두 번씩이나 '하나님의 수'가 나옵니다. 이 수는 수직적인 수입니다. 그 수가 어찌도 많은지 셀 수가 없다고 합니다. 시편 기자는 세상을 살면서 수평적인 수로 도저히 풀리지 않을 때마다 하늘의 수로 풀어지는 경험을 했습니다. 여러분에게도 하늘의 수, 하나님의 수, 수직적인 수가 보이길 바랍니다.

여러분, 하나님의 생각을 내가 세려고 하면 세어질까요? 도저히

다시 수직적 교회로

셀 수가 없습니다. 문제를 우리 인간의 수준으로 보면 아무리 고민해도 어렵기만 하고 풀리지 않습니다. 특히 교회의 일은 수평적인 인간의 수로는 풀 수가 없습니다.

바둑을 두다 보면, 유단자의 수가 있습니다. 그 수는 초보는 도저히 볼 수 없는 묘수이자 돌파구입니다. 그러므로 바둑 초보자는 유단자의 수를 인정해야 합니다. 마찬가지입니다. 바둑의 수가 있듯이 하나님의 수가 있습니다. 하나님의 수는 무궁무진합니다. 길이 안 보인다고 해서 길이 없는 것이 아닙니다. 다만 우리 수준에서 안 보일 뿐입니다.

실패 속에도 하나님의 수가 있다

하나님은 우리가 모르고 있는 수를 셀 수도 없을 만큼 많이 갖고 계십니다. 인생이 내가 원하는 대로 풀리지 않는다고 어찌 짜증 내고 좌절만 하고 있을 수 있습니까? 원하는 대학에 합격하지 못할 수 있습니다. 원하는 회사에 못 들어갈 수 있습니다. 원하는 그 사람과 결혼 못 할 수 있습니다.

그 당시에는 끔찍했지만, 세월이 지난 후에 그것이 하나님의 놀라운 축복이었음을 알게 됩니다. 하나님이 내가 알지 못하는 복을

더해 주시려고 아끼던 그것을 빼앗아 가셨다는 사실을 알게 됩니다. 수직적인 수를 믿고 기대하는 사람은 땅을 치고 원망하지 않습니다. 울다가 정신을 차리고 선하신 하나님의 수를 기다립니다.

여러분, 절묘한 수, 하늘 아버지의 수가 있음을 기대합시다. 하나님의 수, 수직적인 수가 여러분을 기다리고 있습니다.

하나님의 시선으로

> 이는 하늘이 땅보다 높음같이
>
> 내 길은 너희의 길보다 높으며
>
> 내 생각은 너희의 생각보다 높음이니라
>
> (이사야 55:9)

우리의 수준으로 보지 말고 하나님의 시선으로 봅시다. 이것이 수직적인 시선입니다. 믿음의 눈입니다. 하나님의 수로 자기 자신을 보고 이웃을 보아야 합니다. 먼저 하나님의 시선으로 자신을 보면 자기 자신을 정확하게 볼 수 있습니다.

마귀는 틈을 타고 들어옵니다. 열등감과 교만을 틈타 우리 속에 들어옵니다. 확대해서 해석하게 하고, 실패를 두려워해 시도조차 하지 못하게 합니다. 이것이 마귀의 전략입니다. 열등감과 교만은 서로 형제입니다. 여기에 사로잡히면 평생 고생합니다. 형편없이 삽니다. 평생 우중충하게 삽니다.

하나님의 수로 자기 자신을 보시기 바랍니다. 그러면 초상집이 잔칫집으로 변합니다. 슬픈 애가가 개선 행진곡으로 변합니다.

하나님의 걸작품

> 우리는 그가 만드신 바라
>
> 그리스도 예수 안에서 선한 일을 위하여 지으심을 받은 자니
>
> 이 일은 하나님이 전에 예비하사
>
> 우리로 그 가운데서 행하게 하려 하심이니라
>
> (에베소서 2:10)

이 말씀에서 "우리는 그가 만드신 바라"의 히브리적인 의미는 위대한 예술품, 즉 '걸작품'(masterpiece)입니다. 다른 사람이 여러분을 향해 그들이 가진 시각으로 뭐라고 말해도 그것에 너무 신경 쓰지 마십시오. 하나님이 여러분을 보배롭고 존귀하게 지으셨다는 사실이 중요합니다. 하나님의 시선으로 나 자신을 바라보아야 합니다.

이런 믿음의 시선으로 나 자신을 향해 선포하십시오! "나는 걸 작품! 나는 보배롭고 존귀한 사람!" 사람은 자신이 선포한 대로 사 는 것입니다. 열등감과 교만으로 나 자신을 오해하지 말고, 하나님 의 시선으로 나를 보아야 합니다.

오버하지 말라

내게 주신 은혜로 말미암아

너희 각 사람에게 말하노니

마땅히 생각할 그 이상의 생각을 품지 말고

오직 하나님께서 각 사람에게 나누어 주신 믿음의 분량대로

지혜롭게 생각하라

(로마서 12:3)

이 말씀은 한마디로 '오버'(over)해서 생각하지 말라는 의미입니다. 위로 오버하면 교만해지고, 아래로 오버하면 열등감이 생겨납니다. 그래서 바울 사도는 위로도, 아래로도 생각하지 말라고 말합니다. 하나님이 주신 관점으로, 하나님이 주신 분량대로 생각하고 바라보라는 것입니다.

다시 수직적 교회로

돌고래는 돌고래입니다. 돌고래로 독특하게 살면 됩니다. 돌고래를 독수리로 만들어서 날게 할 필요가 없습니다. 헤엄치며 살면 됩니다. 독수리는 독수리입니다. 독수리대로 독특합니다. 독수리를 돌고래로 만들어서 헤엄치게 할 필요가 없습니다. 훨훨 날면서 살아가면 족합니다.

여러분, 나는 나대로 살면 됩니다. 있는 대로, 주신 대로, 생긴 대로 살면 족합니다. 선포합시다. "나는 하나님의 걸작품!" 선포한 대로 살 것입니다. 남과 비교하지 마십시오. 없는 것을 바라지 말고, 있는 것을 축복하십시오.

여러분의 이웃도 있는 그대로 보십시오. 수직적 시각, 하나님의 관점에서 보십시오. 이웃이 여러분과 다를 수 있습니다. 그러나 그 다름을 인정할 줄 알아야 합니다. 틀린 것이 아니라, 서로 다를 뿐입니다.

이웃에게 상처받았습니까? 주님의 눈으로 그를 바라보면 용서하고 사랑할 수 있습니다. 남에게 상처 주겠다며 미워하면 그때부터 자기 영혼이 죽어갑니다. 이웃을 미워하는 것은 곧 자기를 학대하는 것입니다. 왜 그런 죽음을 선택하십니까?

지금보다는 미래를 보라

우리는 예수님의 시각으로 사람을 볼 줄 알아야 합니다. 하나님의 관점으로 아들을, 아내를, 남편을, 그리고 이웃을 보십시오. 현재의 형편없는 모습만 보지 말고, 미래의 딸, 미래의 아내, 미래의 이웃을 보아야 합니다.

예수님은 베드로를 부르시며 축복하셨습니다. 지금의 베드로가 아니라 미래의 베드로를 보시며 축복하셨습니다.

> 나를 따라오라
>
> 내가 너희를 사람을 낚는 어부가 되게 하리라
>
> (마태복음 4:19)

베드로의 현재 모습은 어떻습니까? 갈릴리의 평범한 어부입니다. 배운 것도 많지 않습니다. 제자가 된 베드로는 충동적이고 혈기 넘치는 사람이었습니다. 주님을 배신하기까지 했습니다. 그러나 예수님은 그것이 베드로의 전부가 아님을 아셨습니다. 주님은 그에게서 3년 후의 미래를 보셨습니다.

예수님의 시선은 보통 사람들과 달랐습니다. 제자들의 시선과도 달랐습니다. 예수님이 가진 수는 사람의 수와 다릅니다. 그랬더니 베드로는 3년 후에, 삼천 명, 오천 명의 사람을 낚는 어부가 되었습니다. 예수님이 선포하신 대로, 축복하신 대로 사람 낚는 어부가 되었습니다.

수평적인 시각은 항상 과거만 주시합니다. 미래를 바라볼 여백이 없습니다. 그러나 하늘의 수를 간직한 사람은 항상 미래지향적입니다. 미래를 보면서 선포합니다. 다음 세대를 품고 꿈을 꿉니다.

꿈꾸는 공동체

> 넓은 바다를 바라볼 때 요트가 보이면 요트를 탈 것이고,
>
> 넓은 바다를 바라볼 때 오대양 육대주가 보이면
>
> 거기에 피 묻은 그리스도를 심는 꿈을 이룰 것입니다.

이것은 대학생선교회(CCC) 한국 대표였던 고(故) 김준곤 목사님의 간증입니다. 저는 요즈음 앉으나 서나, 눈을 뜨나 감으나 우리 서림교회의 미래를 내다봅니다. 서림교회 공동체가 낙심하여 주저앉은 한국 교회에 희망을 줄 수 있기를 기도합니다. 이제 우리 서림교회 믿음의 공동체가 예수님의 시선으로 한국 교회의 미래를 바라봅

시다.

서림교회의 다음 세대들이 한국과 열방을 품고 이 세상 땅끝으로 나가기 위해 임동 예배당과 수완 예배당에 충만하고 또 충만할 것입니다. 그들은 마른 뼈의 골짜기와도 같은 세상을 향해 하나님의 생기를 품고 달려갈 것입니다.

그들이 가는 곳마다 마른 뼈가 살아나는 역사가 일어나고, 그렇게 살아난 마른 뼈들이 하나님의 군대가 되는 놀랍고 위대한 일이 시작될 것입니다.

수평적인 시각은 항상 과거만 주시합니다.

미래를 바라볼 여백이 없습니다.

그러나 하늘의 수를 간직한 사람은 항상 미래지향적입니다.

미래를 보면서 선포합니다.

다음 세대를 품고 꿈을 꿉니다.

바다에 길을 내시는
하나님

나 여호와가 이같이 말하노라

바다 가운데에 길을, 큰물 가운데에 지름길을 내고

병거와 말과 군대의 용사를 이끌어내어

그들이 일시에 엎드러져 일어나지 못하고 소멸하기를

꺼져가는 등불 같게 하였느니라

(이사야 43:16, 17)

다시 수직적 교회로

땅끝에서 길을 여신 하나님

만일 우리가 출애굽 사건을 전혀 모르고 있는 상태에서 하나님이 바다 가운데 길을 내시겠다는 말씀을 들었다면, 그 말씀을 어떻게 받아들일까요? 아마도 출애굽 당시의 이스라엘 백성이나 오늘날 우리나 마찬가지로 생각할 것입니다. 하나님이 뱃길을 내실 거라고.

사람들은 바다 가운데로 가는 길이니 당연히 뱃길로 생각합니다. 당시 이스라엘 사람들도 마찬가지로 그 뱃길로 수백 수천 척의 배들이 와서 이스라엘 백성들을 수송할 것으로 생각했을 것입니다. 그러나 하나님은 뱃길이 아니라 바다의 바닥에 길이 나게 하셨습니다.

사람들은 미쳤다고 말합니다. 말도 안 되는 소리라고 비웃습니다. 수평적인 생각, 평범한 이성으로 생각하니 그렇습니다. 그러나 하나님이 인도하시는 길은 수직적인 길입니다. 수평적인 세상에서 살다가 살길이 막혀 오도 가도 못할 때, 하나님이 보여주시는 길은 수직적인 길, 기적적인 길입니다. 참 오묘합니다. 하나님은 땅끝에서 길을 열어주십니다.

좁은 길, 생명의 길

좁은 문으로 들어가라

멸망으로 인도하는 문은 크고 그 길이 넓어

그리로 들어가는 자가 많고

생명으로 인도하는 문은 좁고 길이 협착하여

찾는 자가 적음이라

(마태복음 7:13, 14)

수직적 교회는 많은 사람이 선택하는 넓은 길을 제공하지 않습니다. 오히려 수직적인 교회가 제시하는 길은 좁은 길, 험한 길, 사람들이 잘 선택하지 않는 길입니다. 그 길은 수직적인 길, 하나님 나라로 통하는 길입니다.

옛날이나 오늘이나 진짜로 예수 믿는 사람은 많지 않습니다. 교회 다닌다고 해서 다 예수 믿는 것이 아닙니다. "주여! 주여!" 외친다고 해서 다 예수 믿는 것이 아닙니다. 예수님은 생명으로 인도하는 길은 좁고 협착하여 찾는 자가 많지 않다고 하셨습니다. 교회가 걸어 온 길은 항상 그러했습니다.

> 복 있는 사람은 악인들의 꾀를 따르지 아니하며
>
> 죄인들의 길에 서지 아니하며 오만한 자들의 자리에 앉지 아니하고
>
> 오직 여호와의 율법을 즐거워하여
>
> 그의 율법을 주야로 묵상하는도다
>
> (시편 1:1, 2)

이런 사람이 복 있는 사람입니다. 하나님을 묵상하면서, 그분의 말씀을 즐거워하면서 수직적인 길, 좁은 길을 걸어갑니다. 좁고 힘든 길로 보이지만, 그래도 믿음으로 가다 보면 참으로 신묘막측합니다. 그래서 찬송하며 갑니다. 그 길은 우리 인간의 상상력과 예측을 뛰어넘는 길입니다.

두 길이 서로 충돌할 때

돈으로도 못 가요 하나님 나라
힘으로도 못 가요 하나님 나라
거듭나면 가는 나라 하나님 나라
믿음으로 가는 나라 하나님 나라

하나님 나라로 향하는 길은 믿음으로만 걸어갈 수 있습니다. 그런데 한 번도 가보지 못한 길이기 때문에 못 믿습니다. 자꾸 의심이 생깁니다. 그래서 믿다가도 다시 세상으로 돌아갑니다. 믿는다고 하면서도 하나님을 자꾸만 설득하려고 합니다. 내 뜻이 이루어지도록, 내 뜻에 하나님과 사람들이 동의하도록 끊임없이 기도하며 설득합니다. 그러면서 알고 보면 정반대의 길을 가는 것입니다.

진짜 기도는 이렇게 하는 것입니다. "하나님! 내가 모르는 길을 보여주세요. 모르는 것을 가르쳐주세요." 그러다가 하나님의 길과 내 길이 달라 서로 충돌하면 내 길을 양보합니다. 포기합니다. 왜 내 뜻을 포기합니까? 하나님이 더 위대하시니까요. 나보다 하나님이 더 탁월하시니까 그렇습니다.

다시 수직적 교회로

내 길은 너희의 길보다 높으며

이는 하늘이 땅보다 높음같이

내 길은 너희의 길보다 높으며

내 생각은 너희의 생각보다 높음이니라

(이사야 55:9)

하나님의 길이 다르다고 하지 않으시고 높다고 하십니다. 높다는 말은 '탁월하다, 뛰어나다'는 뜻입니다. 내려가는 것 같아도 실은 올라가는 길입니다. 제주도에 가면 이런 길이 있습니다. 승용차로 내려가는 길 같은데 오르막길입니다.

혹시 예수 믿고 나서 여러분의 인생이 계속 추락한다고 생각해 본 적이 있습니까? 만일 그렇게 생각했다면 그것은 여러분의 착각입니다. 하나님이 여러분을 위해 지름길을 준비하신다는 사실을 모르시기 때문입니다.

우리가 잘 아는 요셉도 그랬습니다. 꽃다운 청소년 시절부터 내리막길 인생이었습니다. 형들에게 버림받고 길 가는 상인에게 팔렸습니다. 낯선 이집트 땅으로 끌려가 다시 노예로 팔렸습니다. 계속 인생이 꼬이고 추락했습니다.

뭔가 길이 열리고 희망이 보이는가 했는데, 주인마님의 유혹을 뿌리친 대가로 누명을 쓰고 감옥에 들어갔습니다. 억울하고 비참했습니다. 밑바닥까지 추락했습니다. 그러나 사실은 그 길이 이집트 총리가 되는 길이었습니다. 알고 보니까 그 길이 총리로 올라가는 고속도로였습니다.

하나님은 우리 인생을 우리가 예측할 수 없는 코스로 조종하십니다. 이 코스가 수직적 코스입니다. 우리의 상식과 지혜로 이해할 수 없지만, 이 코스가 축복의 코스입니다.

생각해 보세요. 팔레스타인의 노예 출신 청년이 이집트에서 정상적인 엘리트 코스를 밟아 총리가 될 확률이 얼마나 될까요? 천만 분의 일이나 될까요? 사실상 불가능한 일입니다. 요셉이 하나님이 내신 수직적인 길로 따라오다 보니 어느 날 요셉 자신도 의도하지 않았던 총리가 된 것입니다.

큰물 가운데 지름길을 내시는 하나님

나 여호와가 이같이 말하노라

바다 가운데에 길을 큰물 가운데에 지름길을 내고

(이사야 43:16)

"큰물 가운데 지름길을" 내실 것을 아무도 몰랐습니다. 그것은 실현 불가능한 일이었습니다. 그러나 지금은 몰라도 나중에는 알게 됩니다. 그 길이 바로 하나님이 내신 길입니다. 하나님은 그 길을 통해 가장 빠르고 정확한 코스로 인도하셨습니다. 그것이 바로 수직적인 길입니다.

예수께서 대답하여 이르시되

내가 하는 것을 네가 지금은 알지 못하나 이후에는 알리라

(요한복음 13:7)

예수님이 베드로에게 말씀하셨습니다. "네가 지금은 모른다." 수직적인 길, 하나님 나라의 길은 이 세상의 수평적인 길과 너무 달라서 우리가 모를 수 있습니다. 그러나 예수님이 죽으시고 부활하여 승천하신 뒤, 베드로가 성령을 받고 보니 그때 비로소 알게 되었습니다.

하나님의 교회는 주의 백성들에게 수직적인 길을 제시하고 제공해야 합니다. 하나님께서는 언제나 수직적 교회와 함께하시고 일하십니다. 초대교회 이후 오늘까지 주님은 수직적 교회를 통해서 당신의 길을 제공해 주고 계십니다. 그래서 수평적인 말, 믿음 없는 말은

그만하라고 하는 것입니다. 교회 공동체니까 항상 믿음 안에서 생각해야 합니다.

중국 지하교회의 힘

1949년, 중국을 공산화한 모택동이 서구에서 들어온 선교사들을 모두 추방했습니다. 전 세계 교회가 중국 교회와 중국 기독교의 상황을 보며 안타까워하고 우려하며 기도했습니다. 많은 이들이 중국 교회는 이제 끝이 났다고 생각했습니다.

서구교회의 경제적 지원이 중단되고 서구의 선교사들이 떠나면 중국 교회가 더 이상 지탱하기 힘들 것이라고 예측했습니다. 그러나 중국 교회는 끝나지 않았습니다. 중국에는 '지하 교회'가 있었기 때문입니다. 공안 당국도 손 쓸 수 없는 교회, 뽑아 없애려 해도 뽑히지 않는 교회입니다. 이 지하교회에 비공식적 추산으로 1억 2천만 명의 그리스도인들이 있다고 합니다.

이것이 바로 수직적 교회입니다. 어떤 상황에서도 뿌리뽑히지 않고 자생할 수 있는 힘을 가지고 있습니다. 어떤 핍박과 환난과 고난이 덮쳐와도 견뎌냅니다.

우리가 사방으로 우겨쌈을 당하여도 싸이지 아니하며

답답한 일을 당하여도 낙심하지 아니하며

박해를 받아도 버린 바 되지 아니하며

거꾸러뜨림을 당하여도 망하지 아니하고

(고린도후서 4:8, 9)

하나님의 보호벽

이런 수직적 교회 성도들의 자생 능력이 어디서 옵니까? 그들에게는 크고 비밀스러운 하나님의 역사가 흐르고 있습니다. 그들에게는 하나님의 보호벽이 있습니다.

이스라엘 자손이 바다 가운데를 육지로 걸어가고

물은 그들의 좌우에 벽이 되니

(출애굽기 14:22)

이 말씀에는 '좌우의 벽'이 나옵니다. 여기서 히브리어 '호마'는 동네 담벼락이 아닙니다. 높고 큰 성벽을 말합니다. 홍해의 수심이 10-15m였다고 하니 거대한 물벽이 선 것입니다. 물벽은 원래 죽음의 벽입니다. 그러나 이스라엘 백성들을 위해서는 그 죽음의 물벽이 보호해주는 물벽이 되었습니다.

그러므로 우리는 찬송합니다. "태산을 넘어 험곡에 가도 빛 가운데로 걸어가면" 걱정이 없습니다. 사방으로 우겨쌈을 당하여도, 답답한 일을 당하여도, 박해를 받아도, 거꾸러뜨림을 당하여도 우리는 망하지 않습니다. 하나님은 우리가 더 이상 갈 곳이 없다고 여기는 땅끝에 이를지라도 우리를 위해 길을 여시는 분입니다.

다시 수직적 교회로

수직적 교회는 많은 사람이 선택하는
넓은 길을 제공하지 않습니다.
오히려 수직적인 교회가 제시하는 길은
좁은 길, 험한 길, 사람들이 잘 선택하지 않는 길,
수직적인 길, 하나님 나라로 통하는 길입니다.

내가 여기 있나이다
나를 보내소서

내가 또 주의 목소리를 들으니

주께서 이르시되 내가 누구를 보내며

누가 우리를 위하여 갈꼬 하시니

그때에 내가 이르되 내가 여기 있나이다

나를 보내소서 하였더니

(이사야 6:8)

다시 수직적 교회로

암울한 시대를 사는 사람들

지난 월요일 오후, 병원을 운영하시는 김상훈 집사님이 이런 말을 했습니다. "목사님, 요즘은 의사하기가 참 힘이 듭니다. 어찌나 의료 환경이 까다로운지 고소도 심심치 않게 당합니다." 병원에서 돌아오는 길에 아내에게 이 이야기를 했더니 아내는 오히려 저를 격려해 주었습니다. "사람의 몸을 다루는 의사도 저렇게 힘든데, 영혼을 가꾸는 목사는 말할 것 없지요." 아내가 고마웠습니다. 의사에게나 목사에게나 지금의 시대는 참 어렵습니다.

내가 또 주의 목소리를 들으니 주께서 이르시되

내가 누구를 보내며 누가 우리를 위하여 갈꼬 하시니

그때에 내가 이르되 내가 여기 있나이다 나를 보내소서

(이사야 6:8)

이사야가 살던 시대는 참으로 암울했습니다. 그 시대는 앗수르와 바벨론의 연이은 침략으로 예루살렘 성이 무너지면서 이스라엘의 모든 분야가 무너져 내렸습니다. 한마디로 상실의 시대였습니다. 왕으로부터 종교 지도자, 백성들에 이르기까지 신앙적으로 더 이상 나빠질 수 없을 만큼 나빠졌습니다. 동시에 왕국의 경제, 사회, 도덕적인 수준이 바닥을 쳤습니다. 이때 이사야 선지자가 활동했습니다.

다들 선지자의 길을 회피했습니다. 왜냐하면 그 당시 참 선지자가 된다는 것은 곧 죽음을 의미했기 때문입니다. 여기저기서 현실과 타협하고 권력자들에게 잘 보이려는 거짓 선지자는 많이 일어났습니다. 그러나 온전히 하나님의 말씀을 대언하는 참 선지자를 찾아보기가 무척 어려웠던 시대입니다.

하나님의 한탄 소리가 들리십니까?

그 현실을 바라보며 하나님이 한탄하십니다. 그리고 그 하나님의 한탄 소리를 이사야가 듣습니다. "주의 목소리를 들었다"고 성경은 말합니다. 하나님께서 호출하시는 소리를 들은 것입니다. 수직적 교회는 하나님의 호출에 민감합니다.

여기저기서 들려오는 세상의 소리, 죄악의 소리, 세속화의 소리는 차단하고, "오라! 오라! 방황치 말고 오라" 부르시는 하나님의 호출 소리를 들어야 합니다. 하나님은 지금 그 부름에 응답할 자를 찾고 계십니다. 그 부름에 순종할 사람을 간절하게 기다리고 계십니다.

하나님의 한탄하시는 호출 앞에 우리 서림교회가 응답합시다. 지금 대한민국은 이사야가 살던 시대와 너무나 흡사합니다. 한국 교회는 지금 내려갈 데까지 내려갔습니다. 코로나 팬데믹 시대를 거치면서 더욱 바닥을 치고 있습니다.

정치적으로는 남북으로 나뉘어 언제 무슨 일이 일어날지 모르는 위기입니다. 이념과 지역과 세대로 국민들이 갈기갈기 찢겨 있습니다. 도덕적으로도 더 이상 나빠질 수 없습니다. 이 한반도를 보며 하나님이 한탄하시는 것 같습니다.

여러분, 그걸 못 느끼시겠습니까? 하나님이 지금 한탄하시며 한국 교회를 부르십니다.

"내가 누구를 보낼꼬나!" "누가 나를 위하여 갈꼬나!"

이 하나님의 한탄 소리를 들어야 합니다. 그리고 하나님의 호출에 응답해야 합니다. "내가 여기 있나이다. 나를 보내소서!" 이사야의 응답이 저와 여러분의 응답이 되길 바랍니다.

무덤 속에 내려간다고 할지라도

이사야서는 총 66장으로 이루어져 있습니다. 1장부터 39장까지는 이스라엘과 열국을 향한 하나님의 심판이 주된 메시지입니다. 그리고 40장부터 66장까지는 하나님이 주시는 희망과 구원의 메시지로 채워져 있습니다.

하나님이 이스라엘을 징계하시고 심판하신 이유는 그들을 멸망시키기 위함이 아니라, 오히려 사랑으로 구원하시기 위함이었습니다. 그러므로 곧 죽어도 우리에게는 희망이 있습니다. 바닥까지 내려갔을지라도 바닥을 치고 다시 반등할 수 있습니다. 우리는 무덤까지 내려가도 부활의 소망이 있습니다. 우리는 죽어도 사는 존재입니다.

장차 들짐승 곧 승냥이와 타조도 나를 존경할 것은
내가 광야에 물을 사막에 강들을 내어
내 백성 내가 택한 자에게 마시게 할 것임이라

(이사야 43:20)

다시 수직적 교회로

하나님은 반드시 광야에 물과 사막에 강을 내시겠다고 말씀하십니다. 그 하나님은 불경기 속에서도 여러분을 지켜주십니다. 자녀들이 취직하지 못해 앞길이 막막합니까? 나이가 들어가는데 결혼을 못합니까? 걱정하지 마십시오. 하나님의 약속을 바라보고, 그 약속을 붙드십시오.

내가 택한 자에게 마시게 할 것이라

하나님이 광야에 물과 사막에 강을 준비하십니다. 그분은 "내가 택한 자에게 마시게" 하겠다고 약속하십니다. 사막 한복판에서 꼼짝없이 죽는 줄 알았는데, 오아시스를 준비해 살려주신 하나님이십니다. 이제 죽었다 싶을 때 소망의 사람을 보내셔서 살리시는 하나님이십니다.

여러분, 여러분 자신을 향해서 선포하십시오. "나는 살아날 것이다!" 말기 암 판정을 받았다고 할지라도, 지금 자신을 향해 선포하십시오. "이 병은 나를 죽이지 못한다!" 믿음으로 선포합시다. "나는 살아날 것이다. 하나님이 주신 명대로 살 것이다!" 여러분은 여러분이 선포한 대로 살 것입니다.

여러분, 기적은 감상하는 것이 아닙니다. 내가 직접 경험하는 것입니다. 이제부터는 기적적인 일 구경하기는 그만하고 그 기적을 직접 경험하시기 바랍니다. 그 기적의 주인공이 되시기 바랍니다.

성경에 계속되는 이야기가 기적이요, 신비입니다. 초월입니다. 하나님이 초월적이시기 때문입니다. 하나님은 영원하십니다. 우리를 영원으로 인도하십니다. 하나님은 사차원적이십니다. 수직적 교회에서는 수직적인 일이 날마다 일어납니다.

구경꾼이 아닌 주인공이 되라

참으로 슬픈 일은 심지어 교회의 중직자들조차 성경을 읽을 때 마치 전설을 읽듯 한다는 사실입니다. "아! 모세는 좋겠다. 홍해를 가르다니! 여호수아는 좋겠다. 그 견고한 여리고 성을 무너뜨리고!" 왜 그렇게 생각하세요?

오늘날에도 여리고 성은 무너집니다. 오늘날에도 홍해는 갈라집니다. 모세의 하나님이 바로 나의 하나님이시고, 여호수아의 하나님이 바로 나의 하나님이십니다. 그렇다면 내 앞에서도 여리고 같은 성이 무너지고, 홍해 같은 바다가 갈라집니다. 이것은 전설이나 흘러간 옛날이야기가 아닙니다.

여러분, 지금부터는 부흥을 구경하지 말고 경험하십시오. 아무리 구경해도 그것은 여러분의 것이 될 수 없습니다. 경험해야 내 것이 됩니다. 경험해서서 흥왕하기를 바랍니다. 부흥을 경험하려면, 흥왕을 경험하려면 이사야처럼 반드시 하나님의 부르심에 응답해야합니다.

"나를 보내소서. 지금 내가 여기 있나이다."

"하나님이 보내시는 곳이면 내가 어디든 가겠습니다. 아골골짝 빈들이라고 할지라도 주님 보내시면 가겠습니다. 그곳에서 주님의 명령에 순종하겠습니다. 그곳에서 하나님의 영광을 선포하며 주님의 증인으로 살겠습니다."

이런 예언자적 영성, 선교적 영성으로 주님의 부르심에 응답해야 합니다. 수직적 신앙은 언제나 하나님의 부르심에 대해 귀를 열고, 그 부르심에 응답하는 신앙입니다. 우리 서림교회는 주님의 그부르심에 응답하는 교회가 되기를 원합니다. 그 부르심에 응답할 때기적을 경험합니다. 기적의 주인공이 됩니다.

서림교회의 부흥과 함께 여러분 모두가 부흥하기를 바랍니다. 틀림없이 하나님이 여러분과 함께해 주십니다. 틀림없이 책임져 주십니다. 여러분의 삶에서 날마다 수많은 기적을 체험할 줄로 믿습니다. 하나님이 일하시는 기적을 경험하십시오! 여러분은 기적의 주인공들입니다.

이 반석 위에
내 교회를 세우리니

또 이르시되 너희는 온 천하에 다니며

만민에게 복음을 전파하라

믿고 세례를 받는 사람은 구원을 얻을 것이요

믿지 않는 사람은 정죄를 받으리라

믿는 자들에게는 이런 표적이 따르리니

곧 그들이 내 이름으로 귀신을 쫓아내며 새 방언을 말하며

뱀을 집어 올리며 무슨 독을 마실지라도 해를 받지 아니하며

병든 사람에게 손을 얹은즉 나으리라 하시더라

(마태복음 16:15-18)

다시 수직적 교회로

하나님의 터치를 잃어버린 교회

제임스 맥도널드 목사님은 그의 책 『버티컬 처치』(Vertical Church)에서 현대 교회를 이렇게 비판합니다.

"현대 교회는 하나님의 터치를 버렸습니다."

이 책에서 맥도널드 목사님은 현대 교회가 철저히 피상적인 오락을 중심으로 흘러갔음을 지적합니다. 수많은 현대 교회들이 하나님과의 수직적인 만남보다 수평적인 쇼를 추구하고 있다는 것입니다. 그리고 오늘날의 목회에 관한 대부분의 책들은 청중을 이해하는 법, 영향력을 미치는 법, 청중의 마음을 사로잡는 법, 회중의 필요(needs)를 파악하는 법 등 사람 중심의, 사람들의 구미에 맞는 수평적 교회를 세우기 위한 것들이라고 지적합니다.

그는 교회가 예수님을 중심으로 하는 수직적 교회의 본질을 잊어버리면 더 이상 교회라고 말할 수 없다고 주장합니다. 그렇습니다. 교회의 목적은 예수 그리스도 안에서 대대로 하나님의 영광을 찬송하는 것입니다. 교회가 세상의 필요나 청중의 욕구만 채워주는 곳이라면 그곳은 더 이상 교회가 아닙니다. 교회는 세상적 삶의 연장이 아니기 때문입니다.

이 반석 위에 내 교회를 세우리니

> 또 내가 네게 이르노니
> 너는 베드로라 내가 이 반석 위에 내 교회를 세우리니
> 음부의 권세가 이기지 못하리라
> (마태복음 16:18)

예수님은 베드로를 향해 '이 반석' 위에 교회를 세우겠다고 하십니다. 이 반석은 연약한 인간 베드로, 나아가 제자 베드로 개인을 가리키는 말이 아닙니다. 여기서 반석은 베드로가 주님을 향해 고백한 위대한 신앙고백을 가리킵니다. "주는 그리스도시요 하나님의

아들"이라는 수직적 신앙고백 위에 주님의 교회를 세우겠다는 것입니다.

> 시몬 베드로가 대답하여 이르되
>
> 주는 그리스도시요 살아 계신 하나님의 아들이시니이다
>
> (마태복음 16:16)

강력한 하나님의 임재가 있는 교회

믿음의 공동체인 교회는 이 세상이 주는 물로는 결코 해결될 수 없는 목마름, 갈급한 영혼의 깊은 목마름을 해결해 주어야 합니다. 교회에서는 끊임없이 하나님의 일이 일어나야 합니다. 교회는 언제나 강력한 하나님의 임재를 통해 기적과 치유와 회복이 일어나는 곳이어야 합니다. 그렇게 회복된 영혼들이 부르는 찬송과 하나님의 영광을 노래하는 찬미가 영원토록 울려 퍼져야 합니다.

돛을 단 배는 바람이 불어올 때 순조롭게 앞으로 나아갑니다. 믿음의 돛을 단 교회에 기적과 초월적인 바람이 불어올 때 순조롭게 앞으로 나아갈 수 있습니다.

그 바람은 곧 하나님의 임재를 의미합니다. 여러분이 만일 신앙

생활하면서 하나님의 임재를 경험하지 못하면서도 아무 불만이 없다면, 이미 수평적 교회에 익숙해졌기 때문입니다.

수직적 교회에는 치유가 있습니다. 회복이 있습니다. 간증이 있습니다. 복음이 있습니다. 기적이 있습니다. 하나님의 터치가 있습니다. 이것이 바로 수직적 교회가 가진 힘입니다.

이 힘이 어디서 나오는 줄 아십니까? 제가 목회하는 서림교회의 경우 그 힘은 경건 훈련 '한적한 곳'에서 하나님의 터치를 받은 경험에서 나옵니다. 하나님의 임재와 만져주심을 경험한 사람은 다릅니다. 뭔가 달라도 다릅니다. 이것이 수직적 교회 성도들이 지닌 끼입니다.

그런 수직적 교회의 성도들의 끼가 오늘의 수완동 텐트처치를 일구어낸 것입니다. 예수 믿는 자들은 흐물흐물하지 않습니다. 예수 믿는 자들은 분명합니다. 확실한 사람들입니다. 이런 수직적 교회의 성도가 되고 싶지 않으십니까?

수직적 교회의 상징, 텐트처치

수완지역에 세워진 서림 텐트처치는 또 하나의 수평적 교회가 아닙니다. 서림 텐트처치는 수직적 교회의 상징입니다. 오늘이 있기까지 목양자인 저에게는 번민과 고뇌와 묵상이 계속되었습니다. 과거에 하나님이 이스라엘 백성을 만나주셨던 성막을 생각했습니다.

내가 그들 중에 거할 성소를 그들이 나를 위하여 짓되

(출애굽기 25:8)

이 텐트처치를 통해 이스라엘 백성들이 하나님의 임재를 경험했던 성막을 생각했으면 좋겠습니다. 성막은 고정된 장소가 아닙니다. 항상 이동합니다. 광야 사십 년 동안 성막을 통해 불기둥과 구름 기둥으로 임재하셨습니다.

텐트처치는 확정된 예배당이 아니라 우리의 필요에 따라 항상 세팅을 바꿀 수 있는 예배당입니다. 예배와 성경 연구, 그리고 춤과 음악 연주를 위해 움직이는 성전입니다.

성경에서 성막은 성전으로 발전합니다. 그 성막은 움직이다가 언젠가부터 한 곳에 고정됩니다. 솔로몬 성전, 스룹바벨 성전, 헤롯 성전이 그것입니다. 그런데 역사가 우리에게 가르쳐주는 교훈은 고정된 성전은 반드시 낡고 무너진다는 사실입니다.

이에 반해 보이지 않는 교회, 수직적 성전은 무너지지 않습니다. 예수 그리스도를 영접한 그리스도인들이 거룩한 성전입니다. 이 보이지 않는 성전은 거룩한 어린양의 신부로서 마지막 때에 완성될 새 예루살렘으로 이어질 것입니다.

외적 화려함이 아닌 근원으로 돌아가는 교회

2010년 아이티에서 일어난 지진으로 난민이 발생했을 때 그들을 돕고자 했던 천근우 권사님이 신개념 건축법으로 도입한 난민 시설이 오늘 텐트처치의 뼈대입니다.

수직적 교회를 지향하는 서림교회는 텐트처치가 새 교회당을 짓는 데 있어 꼭 필요한 조건임을 발견했습니다. 또한 서림교회가 지난 10여 년간 외쳐온 구호인 "근원으로 돌아가는 교회"에 적합했습니다. 우리 교회가 크고 아름다운 교회당을 지을 수도 있지만 그동안 외형을 중시했던 관점을 내부로 돌렸습니다. 텐트 형태를 취한 의도는 수직적 교회를 지향하기 때문입니다.

저는 이 책을 읽는 독자 여러분께 분명히 말하고 싶습니다. 화려하고 웅장한 교회를 짓는 것이 복이 아닙니다. 만약 웅장한 교회당을 짓기 위해 전 교인들의 고통을 짜내야 한다면 아마 하나님께서도 기뻐하지 않으실 것입니다. 저는 건축을 준비하며 말한 대로 검소하고 소박하게 짓기를 원했고, 감사하게도 서림교회 당회와 성도들이

이에 동의해 주셨습니다.

이런 교회가 수직적 교회입니다. 복된 수직적 교회에서 하나님의 임재를 경험하십시오. 수직적 교회를 꿈꾸는 여러분 한 분 한 분을 통해서 하나님의 나라가 이 땅에 임하기를 소원합니다.

갈대상자의 꿈, 테바 비전

서림교회는 지금부터는 수직적 교회를 지향하는 교회로서 서림교회가 가진 비전을 여러분과 함께 나누고자 합니다. 임동 예배당과 수완 예배당을 중심으로 근원으로 돌아가 복음으로 세상을 물들이는 교회, 수직적 교회로 세워지기 위해 테바 비전, 도무스 비전, 다운 비전을 품고 새로운 시대를 열어가고자 합니다.

수직적 교회로 나아가는 서림교회의 첫 번째 비전은 테바 비전 (tebha vision)입니다. 테바는 히브리어로 '상자'를 뜻합니다. 출애굽기에서 아기 모세를 담았던 갈대 상자이자, 창세기에서 노아의 가족과 온갖 생물을 담았던 방주가 바로 테바입니다.

그래서 테바는 미래를 준비하는 상자입니다. 이스라엘 민족을 구원할 아기 모세를 담았고, 대홍수 이후 지구를 가득 채울 생명을 담았습니다. 서림교회 수완 예배당은 이 테바 비전을 품고 노아의 방주와 성막을 상징하는 텐트 형태로 건축하였습니다.

또한 서림교회는 목회의 초점을 다음 세대에 두고 어린이와 청소년, 청년들을 담는 방주와 갈대 상자가 되기를 기도하면서 시설과 인력과 재정을 아낌없이 투입하고 있습니다.

거침없이 담대하게 외치는 복음, 도무스 비전

수직적 교회로 나아가는 서림교회의 두 번째 비전은 도무스 비전(domus vision)입니다. 그리스어 단어 '도무스'(domus)의 사전적 의미는 '집'입니다. 그런데 사도행전에 보면 이 '도무스'에서 놀라운 사역들이 일어납니다.

사도 바울이 안디옥에서 가정교회를 시작했던 장소가 도무스이며, 로마에서 가택 연금된 셋방이 바로 도무스였습니다. 안디옥교회는 번듯한 예배당 건물이 아니라 단순한 가정집에서 부흥을 일구었고, 로마에서의 바울 역시 셋집에 연금상태로 갇혀있었지만 주눅들지 않고 복음 전도의 기적을 일으켰습니다.

장엄한 예배당이 조직화되고 기구화된 교회를 상징한다면 도무스는 순수함과 열정으로 충만한 복음공동체를 상징합니다. 서림교회 임동 예배당과 수완 예배당은 각각 하나의 도무스가 되어 거침없이, 그리고 담대하게 복음을 전할 것입니다.

또한 서림교회는 아프리카의 가장 낙후되고 가난한 나라 콩고민주공화국에 선교사를 파송하고 지금까지 23년간 교회와 학교, 진료소 등을 세워 놀라운 선교의 열매를 거두었습니다. 이제 서림교회는 빛고을 광주와 지역사회를 품고 전 세계 열방에 복음의 능력을 드러내는 이 시대의 도무스가 되고자 합니다.

비우고 낮추어 낮은 곳으로, 다운 비전

수직적 교회로 나아가는 서림교회의 세 번째 비전은 다운 비전 (down vision)입니다. 초대교회는 안디옥에서 비로소 그리스도인이라는 명칭을 얻었습니다. 당시 안디옥은 매우 세속적이고 복음과 상관없는 도시였습니다. 바울과 바나바는 유대인이라는 선민의식과 자존심을 버리고 안디옥 시민들의 눈높이로 자기를 낮추어 섬기는 자세로 전도했습니다.

우리 주 예수님께서도 본래 하나님의 본체이셨지만 스스로 자기를 비워 비천한 인간들 속에 성육신하셨고, 십자가에서 죽기까지 자신을 낮추셨습니다. 하나님의 역사와 능력은 언제나 낮은 곳으로 임하십니다.

서림교회도 77년 전통이라는 자존심을 버리고 이 땅의 가난하고 소외된 이웃들과 상처 입고 고통당하는 이들, 특히 코로나 시대에 더욱 어렵고 힘든 농어촌 미자립교회들을 위해 바울과 바나바의 마음으로, 성육신하여 십자가를 지신 예수님의 영성으로 겸손히 낮아져 섬길 것입니다.

수직적 교회를 지향하는 서림교회는 근원으로 돌아가서 초대교회의 선교 영성과 개혁자들의 정신*을 본받아 지역사회와 세계 열방을 복음으로 물들이는 교회로 나아갈 것입니다.

---

* 종교개혁의 다섯 가지 기둥, 즉 오직 믿음(Sola Fide), 오직 은혜(Sola Gratia), 오직 성경(Sola Scriptura), 오직 그리스도(Solus Christus), 오직 하나님께 영광(Soli Deo Gloria)을 의미함.

다시 수직적 교회로

교회는 갈급한 영혼의 깊은 목마름을 해결해주어야 합니다.
교회에서는 끊임없이 하나님의 일이 일어나야 합니다.
교회는 언제나 강력한 하나님의 임재를 통해
기적과 치유와 회복이 일어나는 곳이어야 합니다.
그렇게 회복된 영혼들이 부르는 찬송과
하나님의 영광을 노래하는 찬미가 영원토록 울려 퍼져야 합니다.

책을 마무리하면서 한 가지 여러분께 밝히고 싶은 것이 있습니다. 오래전부터 그동안 쓴 글과 강단에서 선포한 설교들을 정리해서 책으로 내고 싶은 마음이 있었습니다.

하지만 언젠가부터 제가 책을 내는 것은 더 이상 불가능한 일이라고 생각했습니다. 왜냐하면 12년 전 뇌출혈로 쓰러진 이후 글을 쓸 수 있을 만큼 인지력이 회복되지 못했기 때문입니다. 그래서 많이 망설이고 또 망설였습니다.

이 책이 발간되기까지 김옥자 목사님과 임한중 선교사님이 섬세하게 저를 도와주었습니다. 특히 임한중 선교사님의 탁월한 편집 능력 덕분에 이 책이 세상에 나오게 되었습니다.

참으로 감사합니다. 나의 사랑 서림교회의 장로님들은 또 한 번

다시 수직적 교회로

저에게 큰 용기를 주셨고, 물심양면으로 도와주셨습니다. 정말 감사합니다. 오늘이 있기까지 나의 아내 조영선 씨는 제 생명의 은인입니다. 아내의 그림자와 같은 내조와 세심한 보살핌에 힘입어 이만큼 회복되었습니다.

사랑하는 두 딸, 지은이와 사은이의 응원에 힘입어 책을 썼습니다. 이 책이 나올 때쯤에 딸기(손녀)가 태어나니 저의 기쁨은 곱절이 될 것입니다.

또 한 가지 밝히고 싶은 것이 있습니다. 저의 설교는 대부분 제 삶 속에서 경험한 간증을 바탕으로 한 이야기입니다. 특히 이번에 출간하게 된 『다시 수직적 교회로』는 제가 하나님께 드리는 신앙고백이라고 할 수 있습니다.

하나님과 저의 관계는 결코 무심코 흘러가는 크로노스의 시간 속에서 이뤄진 수평적 관계가 아니라는 사실을 깨달았습니다. 그것은 곧 하나님의 카이로스의 시간 안에서만 맺어질 수 있는 수직적 관계임을 체험했습니다.

저는 프랑스 유학 중에 마피아가 쏜 총에 맞았습니다. 총에 맞아 쓰러진 저는 일주일간 무의식상태에 있다가 깨어났습니다. 의식이 없는 중에 저는 많은 것을 보았습니다. 내 영혼이 나를 쳐다보았고 어린 시절부터 박사학위 논문 쓰던 그 당시까지 내 삶에 펼쳐진 모든 것을 보았습니다.

고등학교 2학년 때 돌아가신 어머니를 만났고, 내가 떠나보낸 임종했던 사람들을 만났습니다. 아마도 그때 저는 사도 바울이 말한 셋째 하늘인지, 셋째 하늘의 입구인지 모를 곳에 있었던 것 같습니다. 일주일 후 깨어났을 때 아파서도 울었지만, 하나님 앞에서 통회하고 자복하여 흘리는 눈물이 앞을 가려 볼 수가 없었습니다.

아이러니하게! 신비스럽게! 그때 내 영혼이 열렸습니다. 영으로 계시는 하나님의 임재를 느꼈습니다. 저는 프랑스에서 개신교의 경건과 영성을 연구한 학자입니다. 오랜 세월, 학문적으로, 이성적으로 수평적 경건에 대하여 심도 있게 연구했습니다. 그러나 영혼의 눈을 뜨고 난 후 저는 깨달았습니다. 제가 연구했던 그것은 윤리적인 경건이었다는 사실을 알게 되었습니다. 뒤틀린 기독교 영성이요, 모양뿐인 경건임을 알게 되었습니다.

그래서 저는 힘있게 강조합니다. 기독교의 경건은 윤리적 경건이 아니라 수직적 경건, 하나님 앞에서의 경건, 즉 코람데오의 경건이라고! 이 작은 책, 『다시 수직적 교회로』를 통해 기독교의 경건과 영성이 회복되기를 희망합니다.